Jost Zupke

Unterhalt

- **Schnell und einfach berechnen**
- **Fehler vermeiden**

Über den Autor

Seit 1993 ist Jost Zupke in der Anwalts- und Notariatssozie-
tät Himmelmann · Pohlmann als Rechtsanwalt tätig. 1997
wurde er zum Fachanwalt für Familienrecht ernannt und dort
liegt auch sein Tätigkeitsschwerpunkt. Seit 2002 ist der Autor auch am Oberlandesgericht Hamm zugelassen, wo er an
zweitinstanzlichen familienrechtlichen Verhandlungen teil-
nimmt. Die Fragen und Nöte der Menschen rund um das Thema Trennung, Scheidung, Unterhalt begegnen ihm tagtäg-
lich in der Praxis.

→ Check-in

Sie möchten auf Ihre Fragen kurze, prägnante und vor allem verlässliche Antworten erhalten. Dieser GU Kompass bietet Ihnen schnelle Hilfe in allen Situationen, die kein langes Zaudern und Zögern gestatten. Ob unterwegs in der Jackentasche oder immer griffbereit am Arbeitsplatz: Jeder Titel dieser Reihe informiert Sie übersichtlich, aktuell, kompetent und lösungsorientiert.

- Jeder Sachverhalt wird auf einer Doppelseite geklärt. Suchen Sie Ihre Fragestellung, Ihr Stichwort, Ihr Problem im Inhaltsverzeichnis und steigen Sie einfach ein.
- Falls Sie unter großem Zeitdruck stehen und nur das Allernotwendigste nachschlagen möchten, halten Sie sich an das im Inhaltsverzeichnis optisch hervorgehobene „Last-Minute-Programm". Es zeigt Ihnen, worauf Sie keinesfalls verzichten sollten.
- Nutzen Sie den Service-Teil mit seinen ergänzenden Dokumenten sowie weiterführenden Hinweisen zu Büchern und Adressen, um bestimmte Aspekte zu vertiefen.

Über den Unterhalt wird bei Trennungen am häufigsten gestritten. Ob Ehepartner, Verwandte oder Lebenspartner: Hier erfahren Sie, was Sie beim Thema Unterhalt beachten müssen. Die maßgeblichen Berechnungsgrundlagen, von Düsseldorfer und Berliner bis zur Kindergeldabzugstabelle, geben einen schnellen Überblick. Aber dieser Kompass lässt Sie mit den Tabellen nicht allein: Sie erhalten fachlich fundierte Erläuterungen zu allen Fragen und erfahren, wo die typischen Fallstricke liegen. So kennen Sie in jeder Situation Ihre Rechte und Pflichten. Tipps und Berechnungsbeispiele runden dieses Buch ab.

Inhalt

→

1. Das steht im Gesetz

Leben kostet: Wohnen, Kleidung, Nahrung, (Aus-)Bildung, Vorsorge, Auto, Urlaub, Hobbys, Versicherungen, um nur einige Posten zu nennen. Alles zusammen macht den Unterhaltsbedarf eines Menschen aus.

Eine Frage der Höhe

Man sollte meinen, etwas so Wichtiges ist genau geregelt. Irrtum: Zwar gibt es zahlreiche gesetzliche Regelungen (wie Bürgerliches Gesetzbuch/BGB, Kindesunterhalts-, Unterhaltsvorschuss-, Lebenspartnerschaftsgesetz und so weiter), sie sprechen aber nur von Lebensbedarf, angemessenem Unterhalt und Leistungsfähigkeit. Regelungen zur Unterhaltshöhe fehlen völlig.

Diese Lücke füllen die Gerichte. Die meisten Oberlandesgerichte haben Leitlinien zum Unterhalt entwickelt (→ 39. Tabellen und Unterhaltsleitlinien). Hierzu zählt auch die Düsseldorfer Tabelle, die fast immer zur Bestimmung des Kindesunterhalts angewandt wird (→ 40. Düsseldorfer Tabelle). Daneben gibt es eine Fülle von Rechtsprechung.

> ## Gut zu wissen
>
> Gemäß BGB gilt grundsätzlich: „Wer nicht für sich selbst aufkommen kann, ist auf fremde Hilfe angewiesen." „Das Maß des zu gewährenden Unterhalts bestimmt sich nach der Lebensstellung des Bedürftigen beziehungsweise den ehelichen (familiären/lebenspartnerschaftlichen) Lebensverhältnissen." „Unterhalt wird nur unter Berücksichtigung der sonstigen Verpflichtungen sowie des eigenen angemessenen Unterhalts geschuldet."

Der Unterhaltsbedarf

Zunächst ist das Einkommen des Unterhaltspflichtigen festzustellen. Aus dem bereinigten Einkommen ist der Bedarf des
Unterhaltsberechtigten zu ermitteln (→ 5. Bereinigung des
Einkommens). Bei Kindern geschieht die Bedarfsberechnung
über die Düsseldorfer Tabelle, bei Ehepartnern über eine
Quote ($3/7$ zu $4/7$) oder durch eine so genannte konkrete
Bedarfsermittlung (→ 17. Berechnung des Trennungsunterhalts). Sind eigene Einkünfte auf Seiten des Unterhaltsberechtigten vorhanden, müssen diese ebenfalls bereinigt werden. Der Bedarf ermittelt sich dann aus der Differenz beider
bereinigter Einkommen. Abschließend ist zu prüfen, ob der
Unterhaltspflichtige nach Abzug der errechneten Unterhaltszahlungen seinen angemessenen Eigenbedarf behält. Diesen
Eigenbedarf nennt man auch Selbstbehalt; er begrenzt die
Leistungsfähigkeit eines Unterhaltspflichtigen (→ 14. Trennungsunterhalt; 34. Mangelfälle).
Die Unterhaltsverpflichtung hat grundsätzlich gegenüber
staatlichen Leistungen, wie zum Beispiel Sozialhilfe, Vorrang: Bevor das Sozialamt eintritt, muss der leistungsfähige
Unterhaltspflichtige zahlen. Kommt eine Unterhaltszahlung
wegen fehlender Leistungsfähigkeit nicht in Betracht,
springt das Sozialamt ein.

Auf einen Blick

Unterhalt ist dann zu zahlen, wenn der Berechtigte
nicht aus eigener Kraft (durch Erwerbstätigkeit,
sonstiges Einkommen oder Vermögen) in der Lage
ist, den durch die geprägten Lebensverhältnisse bestimmten Bedarf zu decken, und der andere Partner
unter Berücksichtigung seiner sonstigen Verbindlichkeiten sowie seines eigenen Unterhalts dazu finanziell in der Lage ist (= Leistungsfähigkeit).

2. Unterhalts-verhältnisse

Eine Frage, über die oft Unklarheit bei den Betroffenen herrscht: Wer ist nun laut Gesetz überhaupt unterhaltsberechtigt, wer unterhaltsverpflichtet?

Die lieben Verwandten

Der Gesetzgeber hat den Kreis der Unterhaltsberechtigten auf vier Gruppen begrenzt:

- Verwandtschaft
- Ehe
- Gemeinsame Elternschaft
- Eingetragene Lebenspartnerschaft

Verwandte in gerader Linie (zum Beispiel Eltern und Kinder oder Großeltern und Enkel) sind wechselseitig verpflichtet, einander Unterhalt zu gewähren. Es ist hierbei nicht erforderlich, dass die Eltern miteinander verheiratet sind.

Eheleute sind während und nach einer Ehe gegenseitig zum Unterhalt verpflichtet. Aber auch nicht verheiratete Eltern gemeinsamer Kinder sind dies, wenn auch nur für einen begrenzten Zeitraum. Den Unterhalt beanspruchen kann nur der Elternteil, der das gemeinsame Kind betreut.

Gut zu wissen

Die wechselseitige Unterhaltsverpflichtung reicht über mehrere Generationen, zum Beispiel Enkel gegenüber Großeltern. Geschwistern, Onkeln, Tanten, Nichten, Neffen, Cousins und Cousinen wird kein Unterhalt geschuldet, da sie nicht in gerader Linie verwandt sind.

Mehr Gleichberechtigung

Am 1. August 2001 ist das „Gesetz zur Beendigung der Diskriminierung gleichgeschlechtlicher Gemeinschaften: Lebenspartnerschaften" („Lebenspartnerschaftsgesetz") in Kraft getreten. Mit diesem Gesetz wurden Unterhaltsansprüche neu geschaffen. Die konkrete Ausgestaltung lehnt sich an die Regelungen zwischen Eheleuten/geschiedenen Eheleuten an (→ 18. Scheidungsunterhalt).

Weitere Unterhaltsrechtsverhältnisse hat der Gesetzgeber bisher abgelehnt. So haben Partner nichtehelicher Gemeinschaften, die keine gemeinsamen Kinder haben, nach dem Gesetz keinen Anspruch auf Unterhalt. Eine Unterhaltsverpflichtung kann daher nur vertraglich festgelegt werden.

Wer zahlen kann, muss zahlen

Unterhaltspflichtig ist derjenige, der unter Berücksichtigung seiner sonstigen Verpflichtungen und seines eigenen angemessenen Unterhalts leistungsfähig ist. Dies ist häufig der erwerbstätige Ehepartner, der keine gemeinsamen Kinder betreut. Bei volljährigen Kindern sind beide Elternteile barunterhaltspflichtig.

Auf einen Blick

Unterhaltspflichtig kann der Ehegatte, der geschiedene Ehegatte, der nächste Verwandte, der andere Elternteil oder auch der Partner einer eingetragenen Lebenspartnerschaft sein.

Zur Kasse gebeten werden kann allerdings auch der Staat (zum Beispiel das Sozialamt in Heimunterbringungsfällen, in denen die Heimkosten vom Pflegebedürftigen nicht vollständig aufgebracht werden können).

3. Unterhaltsarten

Das Gesetz kennt verschiedene Unterhaltsarten, wie Familien-, Bar-, Betreuungs-, Aus-
bildungs-, Elementarunterhalt, Vorsorgeunterhalt für Krankheit und Pflege, Alter,
Erwerbsminderung sowie das Aufkommen für
Prozesskosten.

Wenn sich die Wege trennen

Bei bestehender Lebensgemeinschaft wird so genannter
Familienunterhalt durch häusliche Arbeitsleistung und finanzielle Beiträge erbracht. Nach einer Trennung ist er als
monatlich im Voraus fällige Geldrente zu zahlen, so genannter Barunterhalt. Der Elternteil, der gemeinsame minderjährige Kinder beherbergt und versorgt, leistet Betreuungsunterhalt. Bar- und Betreuungsunterhalt sind nach dem
Gesetz gleichwertig. Aus rechtlicher Sicht können nur minderjährige Kinder betreut werden. Dies gilt auch, wenn ein
volljähriges Kind betreut werden muss, etwa weil es behin-
dert ist (siehe aber 19. Kinderbetreuung). Mit der Volljährigkeit eines gemeinsamen Kindes werden beide Eltern
barunterhaltspflichtig. Sie können diesbezüglich eine Freistellungsvereinbarung treffen. Der Unterhaltsanspruch des
Kindes bleibt hiervon aber unberührt.

Gut zu wissen

Bei unverheirateten volljährigen Kindern dürfen Eltern bestimmen, wie der Unterhalt geleistet wird, ob
als monatliche Geldrente oder durch freie Unterkunft
und Verpflegung (Naturalunterhalt). Wird dem Kind
angeboten, zu Hause zu leben, und ist dies zumutbar, muss es dieses Angebot annehmen.

Die Ehe setzt Maßstäbe

Der Elementarunterhalt umfasst den gesamten Bedarf und wird gemessen an dem Lebensstandard, der während der gemeinsamen Ehe geherrscht hat. Die Kosten für eine Kranken- und Pflegeversicherung können verlangt werden, wenn der Unterhaltspflichtige leistungsfähig ist.

Mit der Zustellung eines Scheidungsantrags werden die während der Ehe erworbenen Rentenansprüche des unterhaltsberechtigten Ehepartners festgeschrieben. Daher muss grundsätzlich auch Vorsorgeunterhalt für Alter und Erwerbsminderung bezahlt werden, sofern der Verpflichtete ausreichende finanzielle Mittel zur Verfügung hat.

Wenn der Kadi kostet

Ist ein Ehepartner nicht in der Lage, die Kosten eines erfolgversprechenden Rechtsstreits in einer persönlichen Angelegenheit zu tragen, so kann er möglicherweise vom Expartner für Scheidungs-, Trennungsunterhaltsverfahren und weitere Verfahren die Gerichts- und Anwaltskosten verlangen. Prozesskostenvorschüsse können nur selten zurückgefordert werden, etwa wenn der Unterhaltsberechtigte in der vermögensrechtlichen Auseinandersetzung erhebliche Beträge oder/und Vermögenswerte erhalten hat.

Wichtig

Der Vorsorgeunterhalt darf nur zur Finanzierung einer Kranken- und Pflege- oder einer privaten Rentenversicherung verwendet werden. Verletzt der Unterhaltsberechtigte diese Zweckgebundenheit, darf er sich später nicht darauf berufen, er könne etwa Behandlungskosten, die er wegen fehlenden Versicherungsschutzes selbst bezahlen muss, nicht aufbringen.

4. Einkommen — was zählt dazu?

Die Einkommensermittlung erfolgt beim Unterhaltspflichtigen und -berechtigten in gleicher Weise. Zum Einkommen zählen unter anderem Einkünfte aus selbstständiger/abhängiger Tätigkeit, Gewerbebetrieben, Kapital (zum Beispiel Zinsen) oder Vermietung.

Finanziell Farbe bekennen

Zur Ermittlung des Einkommens werden außerdem Einkünfte aus Land- und Forstwirtschaft sowie sonstige Einkünfte wie Urlaubs- und Weihnachtsgeld, Gewinnbeteiligungen, Tantiemen, Auslösen, Spesen, Ausbildungsvergütung, Rente, Unfallrente, Halbwaisenrente, Kranken-, Krankenhaustage-, Wohn-, Arbeitslosen- und Mutterschaftsgeld erfasst. Ebenso als Einkommen gelten grundsätzlich Leistungen nach dem Bundesausbildungsförderungsgesetz, Darlehen, Unterhalt, Leistungen nach dem Grundsicherungsgesetz, einmalige Zuwendungen (wie Jubiläumszulagen) oder Abfindungen.
Das Zusammenleben mit einem neuen Partner kann wegen „Wirtschaftens aus einem Topf" mit 250 bis 500 Euro monatlich angerechnet werden. Auch das Wohnen im eigenen Haus oder einer Eigentumswohnung gilt wegen der ersparten Miete in Höhe der ortsüblichen Kaltmiete als Einkommen.

Wichtig

Arbeitslosenhilfe und Einkünfte aus Überstunden oder einer Nebentätigkeit gelten nur unter bestimmten Umständen als Einkommen.

Zwangseinkünfte

Der Unterhaltpflichtige muss zumutbar Einkommen erwirtschaften, etwa aus Steuervorteilen (Freibeträge), Überstunden oder einer auch bisher ausgeübten Nebentätigkeit. Unterlässt er das ohne Grund, werden ihm diese Einkünfte fiktiv zugerechnet. Dies gilt auch für den Fall einer Ausweitung der Erwerbstätigkeit oder der Aufnahme einer neuen Tätigkeit.

Schwer nachweisbar

Problematisch ist die Einkommensermittlung bei Selbstständigen, Freiberuflern oder Gewerbetreibenden. Die steuerlichen Unterlagen stellen nur das Minimum dar. Diese Zahlen müssen häufig nach oben korrigiert werden, weil in den Betriebskosten private Ausgaben „versteckt" sind, zum Beispiel Personalkosten für nicht existente Personen. Daher beauftragen die Gerichte immer häufiger Sachverständige mit der Berechnung.

Gut zu wissen

Was ist kein Einkommen?
- Sozialhilfe
- Freiwillige Leistungen Dritter (zum Beispiel der Eltern). Dies gilt nur dann nicht, wenn der Unterhaltpflichtige dadurch bewusst entlastet werden soll oder eventuell bei beengten wirtschaftlichen Verhältnissen.
- Kindergeld. Ein Ausgleich findet zwischen den Eltern unter bestimmten Voraussetzungen statt. Ist das Existenzminimum des Kindesunterhaltsbedarfs gedeckt, wird das Kindergeld zwischen den Eltern hälftig geteilt.
- Erziehungsgeld

5. Bereinigung des Einkommens

Unter dem bereinigten Einkommen versteht man das Einkommen minus aller Abzüge. Manche dieser Abzüge sind unproblematisch, andere heftig umstritten.

Das darf abgezogen werden

Für die Unterhaltsberechnung ist das bereinigte monatliche Nettoeinkommen als Grundlage maßgeblich. Dies gilt sowohl für die Berechnung des Kindes- als auch des Erwachsenenunterhalts. Folgende Abzugspositionen werden dabei anerkannt:

- Lohn- und Einkommensteuer, Kirchensteuer, Solidaritätszuschlag
- Vorsorgeaufwendungen für
  - Krankheit
  - Pflege
  - Erwerbsminderung
  - Alter (auch „Riester-Rente")
  - Arbeitslosigkeit
- Berufsbedingte Aufwendungen (zum Beispiel Werbungskosten, Fahrtkosten)
- Notwendige Betriebskosten
- Konkret nachweisbare Mehraufwendungen (zum Beispiel durch Krankheit oder Trennung)
- Schulden, die während der Lebensgemeinschaft auch schon regelmäßig abbezahlt wurden (zum Beispiel Konsumkredit, BAföG-Rückzahlung, Hausfinanzierung oder in die Ehe „mitgebrachte" Schulden)
- Vorrangige Unterhaltsansprüche (zum Beispiel minderjähriger Kinder oder ihnen gleichgestellter volljähriger Kinder oder früherer Ehepartner)

Wichtig

Die Einkommensermittlung ist der Dreh- und Angelpunkt für die Höhe des Unterhalts. Widmen Sie ihr daher unbedingt die nötige Aufmerksamkeit!

Das zählt nicht

Keine Abzugspositionen sind zum Beispiel Unfall-, Haftpflicht-, Rechtsschutz- und Risikolebensversicherungen, Kosten für Telefon und Zeitungen, Mitgliedsbeiträge oder Wohnkosten. Diese Beträge sind so gering, dass sie aus dem verbleibenden Einkommen zu zahlen sind – so jedenfalls entscheiden die Gerichte.

Der tatsächliche Bedarf

Gemäß BGB muss in Sachen Einkommen und Unterhalt Folgendes berücksichtigt werden: „Für die Unterhaltsberechnung ist nur der Teil des Einkommens zugrunde zu legen, der zur Deckung des laufenden Lebensbedarfs zur Verfügung steht beziehungsweise stand." Ausschlaggebend ist also der konkrete Konsum. Übertriebene Sparsamkeit wird von den Gerichten ebenso korrigiert wie Verschwendung (Stichwort: „über die eigenen Verhältnisse leben").

Gut zu wissen

Die Ermittlung des bereinigten Einkommens bei Gewerbetreibenden, Selbstständigen und Freiberuflern ist derart komplex, dass hierzu der Rat eines im Familienrecht tätigen Anwalts eingeholt werden sollte. Gerichte beauftragen damit Sachverständige wie Steuerberater oder Wirtschaftsprüfer (→ 4. Einkommen – was zählt dazu?).

6. Einkommens- zeitraum

Für die Unterhaltsberechnung muss das Einkommen mindestens der letzten zwölf Monate nachgewiesen werden.

Zeit ist Geld

Bei Auszubildenden, Arbeitern, Angestellten und Beamten wird das Einkommen der letzten zwölf Monate addiert, bereinigt und auf den Monat umgelegt. Diese Einnahmen müssen durch Vorlage der letzten zwölf Verdienstabrechnungen und des letzten Steuerbescheids belegt werden. Verbindlichkeiten sind nachzuweisen.

Bei Gewerbetreibenden, Selbstständigen und Freiberuflern ist das Einkommen aus den letzten drei Jahren zu ermitteln. Sind die Schwankungen zu groß, weiten die Gerichte diesen Zeitraum auf fünf Jahre oder im Einzelfall sogar noch weiter aus. Üblicherweise werden die Steuererklärungen und sämtliche Anlagen ausgewertet. Diese steuerlichen Unterlagen stellen das Minimum des – unbereinigten – Unterhaltsnettos dar, müssen in aller Regel aber noch korrigiert werden: Steuerliche Vorteile wie Pauschalen oder Abschreibungen werden im Unterhaltsrecht nicht im gleichen Umfang akzeptiert (Abschreibungen werden zum Beispiel oft nur zu einem Drittel als Abzugsposition anerkannt).

Zukunftsmusik

Es gilt also der Grundsatz, dass bei der Ermittlung des bereinigten monatlichen Nettoeinkommens grundsätzlich auf vergangene Zeiträume zurückgegriffen wird. Auf dieser Grundlage wird eine Prognose für die Zukunft abgegeben. Eine solche Berechnung ist natürlich in dem Moment falsch, wo sich zukünftig etwas nachhaltig und dauerhaft ändert.

Veränderte Verhältnisse

Hierzu einige Beispiele: Meist muss die Steuerklasse nach der Trennung geändert werden. Dann kann nicht mehr länger auf Grundlage der Steuerklasse III beziehungsweise einer Gemeinsamveranlagung gerechnet werden. Die durch den trennungsbedingten Steuerklassenwechsel verursachte Einkommenseinbuße kann – jedenfalls teilweise – durch Steuervorteile wieder ausgeglichen werden, so genanntes Realsplitting (→ 37. Unterhalt und Steuern).

Unverschuldete Arbeitslosigkeit oder Insolvenz können ebenfalls eine dauerhafte Veränderung darstellen, die zukünftig beachtet werden muss.

Anders liegt der Fall nur dann, wenn die Veränderung während der Lebensgemeinschaft nicht zu erwarten war, zum Beispiel durch eine Erbschaft oder durch einen so genannten Karrieresprung: Der Unterhaltspflichtige war während der Ehe „normaler" Angestellter und wird nach der Scheidung in die Firmenleitung berufen.

Der Unterhalt berechnet sich dann nach dem Angestellteneinkommen, durch das auch die Lebensgemeinschaft nachhaltig geprägt wurde.

Auf einen Blick

Die üblichen Zeiträume für die Auskunft zum Thema Einkommen:

- Bei Auszubildenden, Arbeitern,
  Angestellten und Beamten   1 Jahr
- Bei Gewerbetreibenden,
  Selbstständigen und Freiberuflern   3–5 Jahre
                              (in Einzelfällen auch länger)

7. Unterhaltsbedarf

Wenn Eltern sich trennen, muss der eine Partner Barunterhalt zahlen, der andere leistet mit der Versorgung des Kindes Betreuungsunterhalt.

Kinder bitten zur Kasse

Minderjährige Kinder, die jünger als 15 Jahre alt sind oder noch der Vollzeitschulpflicht unterliegen, dürfen nach Arbeitsschutzbestimmungen nicht beschäftigt werden. Sie können ihren Lebensbedarf nicht selbst aufbringen und finanzieren. Minderjährige haben also noch keine eigene wirtschaftliche Lebensstellung; diese leiten sie von ihren Eltern ab. Der Lebensbedarf des Kindes wird daher nach dem bereinigten Einkommen seiner Eltern bestimmt. Je nach Alter des Kindes wird der Unterhaltsbedarf des Kindes dann aus der Düsseldorfer Tabelle (→ 40. Düsseldorfer Tabelle) ermittelt.

Kind mit Einkommen

Einkommen des Kindes, zum Beispiel aus einer Ausbildungsvergütung, aus Vermietung, Kapital (wie Zinsen) oder einer Halbwaisenrente, reduziert seinen Bedarf. Die verbleibende Bedarfslücke nennt man Bedürftigkeit oder ungedeckten Bedarf; er ist vom zahlungspflichtigen Elternteil aufzubringen.

Wichtig

Einkommen des minderjährigen Kindes aus Nachhilfe, Austragen von Zeitungen oder sonstiger Schülerarbeit stammt aus so genannter unzumutbarer Tätigkeit und ist grundsätzlich nicht vom Barunterhalt abzuziehen.

Das steht Kindern zu

Derjenige Elternteil, bei dem das minderjährige Kind wohnt, erfüllt seine Unterhaltspflicht durch die Betreuung. Der andere Elternteil ist im Rahmen seiner Leistungsfähigkeit barunterhaltspflichtig. Betreuungs- und Barunterhalt sind gleichwertig. Das Existenzminimum minderjähriger Kinder wird anhand der Düsseldorfer Tabelle bei 135 Prozent des Regelbetrags der jeweiligen Altersstufe angenommen. Dies entspricht der sechsten Einkommensgruppe. Barunterhaltspflichtige Eltern werden gegenüber ihren Kindern besonders in die Verantwortung genommen: Sie sind zu einer gesteigerten Ausnutzung ihrer Arbeitskraft verpflichtet, müssen also alles in ihrer Macht Stehende tun, um zumindest den Regelbetrag (1. Einkommensgruppe) zahlen zu können. Unter Umständen haben sie eine Nebentätigkeit aufzunehmen oder ihren eigenen Bedarf maßvoll zu reduzieren.

Wann beide Eltern zahlen

In Ausnahmefällen können auch beide Eltern barunterhaltspflichtig sein. Dies ist zum Beispiel dann der Fall, wenn die gemeinsamen minderjährigen Kinder nicht von den Eltern betreut werden, sondern bei den Großeltern leben. Ein Elternteil hat dann höchstens den Kindesunterhalt zu zahlen, der sich nach seinen persönlichen Einkünften aus der Düsseldorfer Tabelle ergibt.

Gut zu wissen

Wenn Unterhalt für mehrere Kinder geleistet werden muss, haben die minderjährigen Vorrang vor den volljährigen. Aber: Kinder unter 21, die noch bei den Eltern oder einem Elternteil wohnen und die allgemeine Schulbildung noch nicht abgeschlossen haben, sind den minderjährigen gleichgestellt.

8. Ausbildungs- unterhalt

In wirtschaftlich zumutbarem Rahmen schulden Eltern ihren Kindern auch eine angemessene Berufsausbildung gemäß Begabung und Interessen.

Eine wichtige Wahl

Bei minderjährigen Kindern bestimmen die Eltern unter Berücksichtigung der Begabungen und nicht nur vorübergehenden Neigungen des Kindes die Ausbildung und den Beruf. Das Kind soll an dieser Entscheidung gemäß seinem Entwicklungsstand beteiligt werden. Für diesen Entscheidungsprozess gilt ein Gegenseitigkeitsprinzip: Die gewählte Ausbildung muss die Begabung und Interessen des Kindes ebenso berücksichtigen wie die finanziellen Verhältnisse der Eltern. Das Kind braucht also keine Ausbildung zu absolvieren, die es unter-/überfordert und/oder nicht seinen wahren Neigungen entspricht; die Eltern müssen ihren Lebensstandard wegen der Ausbildung nicht empfindlich zurückschrauben und haben ein Recht auf Information zum Ausbildungsverlauf, etwa durch Zeugnisse.

Zügig und zielstrebig

Nach Beendigung der Schule hat das Kind unverzüglich mit einer Ausbildung zu beginnen. Eine Übergangzeit von etwa drei Monaten wird akzeptiert. Danach muss es grundsätzlich selbst für seinen Unterhalt aufkommen. Ausbildungsvorbereitende Praktika oder auch ein soziales/ökologisches Jahr sind von den Eltern hinzunehmen.
Die Ausbildung muss zielstrebig absolviert werden, Eltern müssen also keine Bummelei finanzieren. Ein Maßstab für die Zielstrebigkeit ist die Ausbildungs- und Prüfungsordnung.

Wichtig

Einen unverschuldeten Ausbildungswechsel, etwa durch Krankheit oder Unfall, müssen Eltern akzeptieren. Dies gilt auch, wenn das Kind feststellt, dass die Ausbildung nicht seinen Begabungen und Neigungen entspricht. Der Wechsel muss in der Regel innerhalb des ersten Jahres (bei Studenten innerhalb der ersten zwei Semester) erfolgen.

Aus zwei mach eins

Die Ausbildungsschritte Abitur/Lehre/Studium werden als eine Ausbildung gewertet, wenn sie in engem zeitlichem und sachlichem Zusammenhang stehen. Der zeitliche Zusammenhang wird ab einer Unterbrechung von mehr als zwei Jahren in der Regel abgelehnt. Der Sachzusammenhang setzt zwar nicht voraus, dass Ausbildung und nachfolgendes Studium derselben Berufssparte zuzuordnen sind. Die Ausbildung muss aber eine sinnvolle Vorbereitung auf das Studium sein. Beispiel: Banklehre und Jurastudium: ja; Speditionskaufmann und Jurastudium: nein.

Gut zu wissen

In Ausnahmefällen müssen Eltern eine weitere Ausbildung finanzieren: wenn das Kind gegen seinen Willen in eine Ausbildung gedrängt wurde, die nicht seinen Begabungen entspricht, wenn die Eltern Begabungen und Neigungen des Kindes falsch eingeschätzt haben oder wenn sich Trennung/Scheidung beziehungsweise sonstige schwierige häusliche Verhältnisse negativ auf die Entwicklung des Kindes ausgewirkt haben.

9. Volljährige Kinder

Bei Volljährigen sind beide Eltern barunterhaltspflichtig — außer sie bieten dem Kind an, zu Hause bei freier Kost und Logis zu wohnen.

Die vierte Altersstufe

Auch beim volljährigen Kind werden Tabellen und Unterhaltsleitlinien herangezogen. Aus der Summe der bereinigten elterlichen Einkommen folgt die Einkommensgruppe der Düsseldorfer Tabelle (→ 40.). Der Bedarf des Kindes ist dann der vierten Altersstufe zu entnehmen. Beide Eltern haften nur im Rahmen einer Haftungsquote, die wie folgt berechnet wird: Bedarf des Kindes x Einsatzbetrag des Elternteils, geteilt durch die Summe der Einsatzbeträge beider Eltern.

Beispiel

Der Vater verfügt über ein bereinigtes Einkommen von 2 500 Euro, die Mutter über 1 500 Euro, zusammen 4 000 Euro. Sie sind damit der 12. Einkommensgruppe der Düsseldorfer Tabelle zuzuordnen. Das volljährige Kind hat nach der vierten Altersstufe einen Bedarf von 591 Euro. Daraus ergibt sich folgende Unterhaltsverpflichtung: Der Vater muss 369,38 Euro zahlen (591 x 2 500 : 4 000); die Mutter 221,63 Euro (591 x 1 500 : 4 000).

Wenn die Kinder aus dem Haus sind

Bei volljährigen Kindern in der Ausbildung und mit eigenem Hausstand oder bei auswärts Studierenden wird der Bedarf von den jeweiligen Leitlinien (→ 39. Tabellen und Unterhaltsleitlinien) bestimmt, derzeit 600 Euro. Hinzu kommen Kosten für Kranken- und Pflegeversicherung, sofern sie nicht über die Familienversicherung mitversichert sind.

Privilegierte Volljährige

Volljährige Kinder, die noch nicht den 21. Geburtstag gefeiert haben, sich in einer allgemeinen Schulausbildung befinden und zu Hause leben, sind nach dem Unterhaltsrecht minderjährigen Kindern und dem Ehepartner gleichgestellt (siehe 7. Unterhaltsbedarf).

Eine allgemeine Schulausbildung setzt dreierlei voraus: Erstens muss das Ausbildungsziel auf die Vermittlung eines allgemein bildenden Inhalts und den Erwerb eines allgemeinen Schulabschlusses ausgerichtet sein, zweitens muss die Schulausbildung Zeit und Arbeitskraft des Kindes zumindest so weit in Anspruch nehmen, dass eine Erwerbstätigkeit unzumutbar ist (dies ist bei Vollzeitschulen der Fall, bei Abendschulen oder Fernstudien eher nicht), drittens besteht in der Schule Anwesenheitspflicht.

Gut zu wissen

- Gegenüber volljährigen Kindern besteht keine gesteigerte Unterhaltspflicht der Eltern. Sie können sich auf den angemessenen Selbstbehalt (derzeit 1 000 Euro) berufen.
- Minderjährige nicht verheiratete Kinder, der Ehepartner, der geschiedene Partner und der nicht verheiratete Elternteil haben in Sachen Unterhaltsanspruch Vorrang vor dem volljährigen Kind.
- Die Eltern können sich privilegierten Volljährigen gegenüber nur auf den notwendigen Selbstbehalt (derzeit 840 Euro) berufen; es besteht eine gesteigerte Unterhaltspflicht.

10. Kindergeld

Das staatliche Kindergeld ist bei der
Berechnung des Kindesunterhalts mit zu
berücksichtigen.

Der Staat zahlt mit

In der Regel wird Kindergeld bis zum vollendeten 18. Lebensjahr des Kindes bezahlt. In speziellen Fällen auch länger: bei Arbeitslosigkeit bis zum 21., während einer Berufsausbildung bis zum 27. Lebensjahr. Für die ersten drei Kinder zahlt der Staat derzeit je Kind 154 Euro monatlich, für jedes weitere Kind 179 Euro. Einen Anspruch darauf haben direkte Abkömmlinge, Pflegekinder und vom Unterhaltsberechtigten in seinen Haushalt aufgenommene Kinder des Ehepartners.

Die absolute Grundsicherung

Kindesunterhalt soll mindestens das kindliche Existenzminimum sicherstellen. Es gilt als erreicht, wenn der zu zahlende Kindesunterhalt zusammen mit dem Kindergeld 135 Prozent des Regelbetrags der jeweiligen Einkommensgruppe und Altersstufe gemäß Düsseldorfer Tabelle (→ 40. Düsseldorfer Tabelle) beträgt.

Kindergeld steht beiden Eltern zu. Meist wird es an den betreuenden Elternteil ausbezahlt und muss dann mit dem Unterhalt verrechnet werden.

Gut zu wissen

Die Gewährung von Kindergeld ist Sache der Familienkassen; sie haben die Rechtsstellung einer Bundesfinanzbehörde. Daher sind für Klagen gegen die Familienkassen die Finanzgerichte zuständig.

So errechnet sich der Unterhalt

Ab der sechsten Einkommensgruppe der Düsseldorfer Tabelle wird das Kindergeld hälftig zwischen den Eltern verteilt. Erhält der betreuende Elternteil das Kindergeld, ist der Kindesunterhalt um das halbe Kindergeld zu verringern. Erhält es der nichtbetreuende Elternteil, ist der Kindesunterhalt um das halbe Kindergeld zu erhöhen.

Ist der barunterhaltspflichtige Elternteil aufgrund seiner eingeschränkten Leistungsfähigkeit nur zur Zahlung eines niedrigeren Unterhaltsbetrags verpflichtet, wird das Kindergeld von null bis zur Hälfte des Kindergeldes vom Kindesunterhalt abgezogen. In jedem Fall gilt: Der zu zahlende Betrag für den Kindesunterhalt und das anteilige Kindergeld müssen zusammen mindestens 135 Prozent des Regelbetrags der jeweiligen Einkommensgruppe und Altersstufe ergeben (→ 42. Kindergeldabzugstabelle).

Beispiel

Der Vater hat ein bereinigtes Einkommen von 1 400 Euro. Damit ist er der 2. Einkommensstufe zuzuordnen. Seine siebenjährige Tochter lebt bei der Mutter und ist der 2. Altersstufe zuzuordnen mit einem Tabellenbedarf von 244 Euro. Der Kindergeldausgleich beträgt 13 Euro. 135 Prozent des Regelbetrags ergeben 231 Euro. Weil das Kindergeld nur mit 13 Euro abgezogen wird, ist das Existenzminimum des Kindes erreicht (244 Euro – 13 Euro = 231 Euro).

Kinder über 18

Bei volljährigen Kindern sind beide Eltern barunterhaltspflichtig, und zwar im Umfang ihrer Haftungsquote – sofern sie leistungsfähig sind (→ 9. Volljährige Kinder). Von dieser Quote ist das Kindergeld streng hälftig abzuziehen.

11. Verpflichtungs- umfang für Kinder

Zusätzlich zum Unterhalt können für minder- und auch volljährige Kinder Kosten für Mehr- und Sonderbedarf fällig werden.

Barunterhalt

Grundlage für den Kindesunterhalt ist das bereinigte Monatsnettoeinkommen der Eltern. Mithilfe der Düsseldorfer Tabelle (→ 40. Düsseldorfer Tabelle) ergibt sich aus der elterlichen Einkommensgruppe und der Altersstufe des Kindes dann der kindliche Bedarf für den Barunterhalt. Berücksichtigt werden müssen dabei beispielsweise Kindergeld oder ein mögliches Einkommen des Kindes.

In den Tabellenbeträgen sind keine Kosten für Kranken- und Pflegeversicherung enthalten – diese muss der Unterhaltspflichtige zusätzlich zahlen, vorausgesetzt er ist leistungsfähig genug.

Mehr- und Sonderbedarf

Die Unterhaltszahlungen können durch Mehrbedarf steigen. Darunter versteht man vorhersehbaren regelmäßigen und längerfristigen Lebensbedarf, der das Normalmaß derart übersteigt, dass ihn die Tabellensätze nicht abdecken. Beispiele: krankheits- und ausbildungsbedingte Kosten, unter Umständen auch Kindergartenbeiträge.

Zum anderen kann ein Sonderbedarf entstehen – unregelmäßig auftretender, außergewöhnlich hoher und nicht vorhersehbarer Bedarf. Die Rechtsprechung hierzu ist sehr uneinheitlich. Als Sonderbedarf anerkannt wurden beispielsweise unvorhersehbare Arzt-, Arzneimittel- oder Operationskosten, Diäten, heilpädagogische Behandlungen, Zahnersatz, Umzugskosten oder ein Prozesskostenvorschuss (etwa wenn das

Kind den unterhaltspflichtigen Elternteil auf Zahlung verklagen muss). Kein Sonderbedarf waren zum Beispiel Allergiekosten, Brillen, längere psychotherapeutische Behandlungen, Zahnbehandlungen, Winterkleidung, Kindergartenkosten, Schulbücher, Führerscheinkosten, Urlaub oder Kosten für eine Namensänderung.

Strittig waren Kommunion und Konfirmation, Renovierungskosten, Säuglingserstausstattung, Klassenfahrten, Nachhilfestunden und Kuren.

Bedarfskontrollbetrag und Mangelfall

Bei allen Verpflichtungen gilt der Grundsatz, dass der Kindesunterhalt in angemessenem Verhältnis zu dem Betrag steht, der dem unterhaltspflichtigen Elternteil nach Abzug des Kindes- und Ehegattenunterhalts für seinen Eigenbedarf bleibt. Wird dieser Bedarfskontrollbetrag unterschritten, muss der Kindesunterhalt der nächstniedrigeren Einkommensgruppe entnommen werden.

Reicht das Einkommen des Unterhaltspflichtigen nach Abzug seines Selbstbehalts zur Zahlung des Regelbetrags (erste Einkommensgruppe der jeweiligen Altersstufe) für alle gleichrangigen Kinder nicht aus, liegt ein Mangelfall vor. Dann wird das verbleibende Einkommen auf die Kinder im Verhältnis des ihnen zustehenden Tabellenunterhalts der ersten Einkommensgruppe aufgeteilt (→ 34. Mangelfälle; 35. Mangelfallberechnung – Beispiele).

Auf einen Blick

Sonder- und Mehrbedarf sowie Beiträge zur Kranken- und Pflegeversicherung müssen zusätzlich zum Unterhalt gezahlt werden – vorausgesetzt, der Unterhaltspflichtige ist dazu finanziell in der Lage.

12. Sonderfälle I

Beim Kindesunterhalt gibt es einige Umstände, die seine Berechnung komplizierter werden lassen.

Schulden der Eltern

Grundsätzlich können Schulden bei der Ermittlung des Unterhalts berücksichtigt werden. Dabei wird geprüft, wann und zu welchem Zweck die Schulden gemacht worden sind. Nicht zu berücksichtigen sind solche zur Anschaffung von Luxus (-gegenständen), zum Beispiel Autos oder Urlaub. Es gilt:

- Der Unterhaltsberechtigte darf durch die Trennung weder besser noch schlechter als vorher gestellt sein.
- Schulden zur Vermögensbildung spielen meist keine Rolle.
- Einen Vorrang des Unterhaltsberechtigten gegenüber Gläubigern gibt es nicht.
- Trotz Schulden ist bei minderjährigen/privilegierten volljährigen Kindern (→ 9. Volljährige Kinder) der Regelbetrag der Düsseldorfer Tabelle (→ 40. Düsseldorfer Tabelle) in der Regel zu zahlen.

Wichtig

Auf Kindesunterhalt kann grundsätzlich, auch nicht freiwillig, verzichtet werden. Aber: Es gibt etwas Spielraum. Eine Abweichung um 20 Prozent vom eigentlichen Unterhalt akzeptieren die Gerichte noch, eine Kürzung um ein Drittel meist nicht.
Anders bei einer so genannten Freistellungsvereinbarung: Übernimmt ein Elternteil gegenüber dem anderen die Unterhaltszahlung, ist dies zulässig. Das Kind kann trotzdem einen höheren Unterhalt geltend machen.

Unterhalt in Gefahr

Minderjährige unverheiratete Kinder können ihren Unterhaltsanspruch nicht verwirken. Volljährige und privilegierte Volljährige riskieren das etwa, wenn sie durch sittliches Verschulden bedürftig geworden sind (Beispiel: übermäßiger Alkohol- oder Rauschgiftkonsum) oder sich vorsätzlich einer schweren Verfehlung gegen den Unterhaltpflichtigen schuldig gemacht haben (Beispiele: tätlicher Angriff, wiederholte Beleidigung/Bedrohung, falsche Anschuldigung gegenüber Behörden oder Arbeitgeber).

Eine Verwirkung kommt nur dann in Betracht, wenn sie die angemessene Reaktion auf die Verfehlung ist. Hat der Unterhaltpflichtige zu der Verfehlung beigetragen, scheidet sie häufig aus. Wird sie bejaht, kann der Unterhalt zeitlich befristet und/oder reduziert oder auch sofort und vollständig hinfällig werden.

Das beschleunigte Verfahren

Seit 1998 gibt es das so genannte vereinfachte Verfahren, das schnell zu einem Unterhaltstitel führen soll. Es kommt nur in Betracht, wenn der Kindesunterhalt erstmals gerichtlich entschieden werden muss. Er ist dann auf das 1,5fache des Regelbetrags begrenzt und wird in Prozentsätzen des Regelbetrags der jeweiligen Altersstufe festgesetzt. Eine Anpassung ist damit einfacher und schneller möglich.

Gut zu wissen

Der Unterhaltpflichtige kann hierbei nur die vom Gesetz zugelassenen Einwände erheben, zum Beispiel, das vereinfachte Verfahren sei nicht zulässig, der Zeitpunkt, von dem an Unterhalt gezahlt werden soll, sei unrichtig, oder der Unterhalt ist der Höhe nach nicht korrekt berechnet worden.

13. Familienunterhalt

Wie gestaltet sich die Unterhaltsverpflichtung/-berechtigung, wenn die Ehe (Lebensgemeinschaft) noch besteht? Dies ist ein Indiz für den späteren Unterhalt nach Trennung und Scheidung.

Arbeits- und Finanzleistungen

Ehegatten sind einander verpflichtet, durch ihre Arbeit und mit ihrem Vermögen die Familie angemessen zu unterhalten. Haushaltsführung und Erwerbstätigkeit sind nach dem Gesetz gleichwertige Beiträge zur Existenzsicherung der Familie. Der Ehegatte, der vereinbarungsgemäß den Haushalt führt, kommt dadurch in der Regel seiner Unterhaltspflicht nach; er kann vom erwerbstätigen Partner Wirtschaftsgeld beanspruchen.

Wirtschaftsgeld

Die Höhe des Wirtschaftsgeldes richtet sich nach den zu befriedigenden Familienbedürfnissen unter Berücksichtigung des Einkommens und Vermögens beider Ehegatten. Seltene und größere Anschaffungen, zum Beispiel Mobiliar oder ein Auto, sind im Wirtschaftsgeld nicht enthalten. Hierfür muss der erwerbstätige Partner zusätzlich aufkommen.

Außerdem ist Wirtschaftsgeld zweckgebunden: Es muss zur Befriedigung der familiären Bedürfnisse verwendet werden. Teile des Wirtschaftsgeldes darf der haushaltsführende Ehepartner nur mit Zustimmung des anderen allein für sich verwenden, um zum Beispiel Verwandte zu unterstützen, gegenüber denen keine Unterhaltsverpflichtung besteht. Für Ersparnisse aus dem Wirtschaftsgeld gilt das Gleiche. Der Anspruch auf Wirtschaftsgeld erlischt mit der Trennung. Familienunterhalt ist nicht pfändbar. Dies gilt in jedem Fall für das Wirtschaftsgeld, das nur treuhänderisch für den Unterhalt der gesamten Familie verwendet werden darf.

Gut zu wissen

Zur Befriedigung persönlicher Bedürfnisse hat der haushaltsführende Ehepartner Anspruch auf Taschengeld. Das darf er völlig frei verwenden. Die Höhe beträgt etwa 5 bis 7 Prozent des bereinigten Nettoeinkommens der Familie, wird aber letztlich durch die konkreten Finanzen bestimmt: Bei beengten Verhältnissen gibt es keines.

Gezahlt ist gezahlt

Zuvielleistungen im Rahmen des Familienunterhalts können meist nicht zurückverlangt werden, weder laufende noch Einmalzahlungen. Es ist von einem Verzicht auf Rückforderungen auszugehen. Will ein Partner trotzdem Geld zurück, muss er beweisen, dass er nur unter der Voraussetzung zu viel geleistet hat, dies später wieder zurückfordern zu wollen.

Wenn ein Partner stirbt

Der Anspruch auf Familienunterhalt erlischt mit dem Tod eines Ehegatten. Der Unterhaltspflichtige hat die Beerdigungskosten zu tragen, wenn diese nicht von einem Erben bezahlt werden müssen. Trägt ein Dritter die Schuld am Tod oder einer Verletzung des Ehepartners, kann der andere vom Schädiger Schadenersatz in Form einer Geldrente verlangen.

Wichtig

Auf Familienunterhalt kann für die Zukunft nicht verzichtet werden, auch nicht durch notarielle Urkunde wie einen Ehevertrag.

14. Trennungs- unterhalt

Mit der Trennung vom Ehepartner endet grundsätzlich der Familienunterhalt. Jetzt gilt der Trennungsunterhalt.

Keine häusliche Gemeinschaft mehr

Vor einer Scheidung kommt die Trennung; sie ist deren rechtliche Voraussetzung. Trennungsunterhalt kann nur in einer noch bestehenden Ehe beansprucht werden, die Ehepartner müssen getrennt leben. Dies ist nicht nur der Fall bei einer räumlichen Trennung (zwei Wohnungen). Die weitaus meisten Trennungen finden zunächst in der ehelichen Wohnung statt, bis ein Ehepartner auszieht. Innerhalb der Ehewohnung sind die Lebensbereiche so weit wie möglich zu teilen, zum Beispiel in getrennte Wohn- und Schlafbereiche. Die Trennung muss zumindest bei einem Ehepartner vom Trennungswillen getragen sein („Ich lehne eine eheliche Lebensgemeinschaft mit dir ab!"). Man kann den Trennungszeitpunkt (sowie auch die Aufteilung der Lebensbereiche in der Wohnung/dem Haus) am besten über ein anwaltliches Schreiben dokumentieren.

Wichtig

Warum es zur Trennung gekommen ist, ist heute nicht mehr relevant. Es gilt das Zerrüttungsprinzip (die Ehe funktioniert nicht mehr), nicht das Schuldprinzip (wer ist verantwortlich für die zerstörte Ehe?). Trennung im rechtlichen Sinne heißt:

- Trennung von Tisch und Bett
- Keine wechselseitige Versorgungsleistung mehr
- Jeder geht seiner eigenen Wege

Wer bekommt Geld?

Trennungsunterhalt als monatliche Geldrente kann nur derjenige Ehepartner beanspruchen, der sich nicht oder nicht ausreichend durch eigene Mittel (Einkommen, Vermögen) versorgen kann. Der Höhe nach wird er begrenzt durch die ehelichen Lebensverhältnisse; sie bestimmen den Bedarf: Maßgeblich ist hier das in der Vergangenheit für Familienkonsum verfügbare Gesamteinkommen.

Die Sache mit dem Selbstbehalt

Der Unterhaltspflichtige muss natürlich leistungsfähig sein – unter Berücksichtigung seines Selbstbehalts, also des Betrags, der ihm nach Abzug der Unterhaltszahlungen von seinem bereinigten Einkommen verbleiben muss; derzeit liegt er nach der Düsseldorfer Tabelle (→ 40. Düsseldorfer Tabelle) zwischen 730 und 840 Euro.

Chance zum Neuanfang

Die Trennungszeit ist eine Schutzzeit – ob es zu einer Scheidung oder Versöhnung kommt, ist offen. Daher sollen keine Fakten geschaffen werden, die später nicht mehr (oder nur schwer) rückgängig zu machen sind (zum Beispiel Verkauf des ehelichen Hauses). Für eine Versöhnung im rechtlichen Sinne ist der ernsthafte Wille zur Wiederaufnahme der ehelichen Lebens- und Wirtschaftsgemeinschaft ausschlaggebend.

Auf einen Blick

Mit der Trennung wird aus der wechselseitigen Verpflichtung zum Familienunterhalt ein einseitiger Anspruch des bedürftigen Ehepartners auf Leistung von angemessenem Unterhalt. Wichtig: Wem Trennungsunterhalt zusteht, muss und kann nicht darauf verzichten.

15. Erwerbstätigkeit und Trennung

Muss der bedürftige Ehepartner nach der Trennung arbeiten? Hiervon scheinen Unterhaltspflichtige häufig auszugehen.

Das Ehekonzept entscheidet

Ein nicht erwerbstätiger Ehepartner kann nach der Trennung nur dann dazu angehalten werden, seinen eheprägten Bedarf – zumindest zum Teil – aus eigener Erwerbstätigkeit zu bestreiten, wenn dies von ihm nach seinen persönlichen Verhältnissen (zum Beispiel frühere Berufstätigkeit) unter Berücksichtigung der Ehedauer und der wirtschaftlichen Eheverhältnisse erwartet werden kann. Es findet dann eine so genannte Zumutbarkeitsabwägung der persönlichen und wirtschaftlichen Umstände des konkreten Falles statt. Ausschlaggebend ist die eheliche Konzeption: War vereinbart, dass der Ehepartner sich um den Haushalt (und gegebenenfalls um die Betreuung gemeinsamer Kinder) kümmert, ist zumindest für eine gewisse Zeit dieser Status aufrechtzuerhalten.

Gut zu wissen

Vor Ablauf des Trennungsjahres wird man vom Unterhaltsberechtigten die Aufnahme einer Erwerbstätigkeit nicht verlangen können, denn das würde in den meisten Fällen die Trennung vertiefen und zum endgültigen Scheitern der Ehe führen.

Das Trennungsjahr läuft

Mit zunehmender Trennungsdauer steigt die Verpflichtung, eine Arbeit aufzunehmen; bei beengten Finanzverhältnissen

kann sie schon früher einsetzen. Das Gleiche gilt bei Kurz-
ehen (in der Regel nicht länger als zwei Jahre), wenn der
Unterhaltsberechtigte relativ jung oder die Endgültigkeit der
Trennung offensichtlich ist.

Hat der haushaltsführende Ehepartner, der minderjährige
Kinder betreute, vor der Trennung ohne wirtschaftliche Not
gearbeitet, entspricht dies der ehelichen Konzeption. Eine
Fortsetzung dieser Berufstätigkeit wird dann schon eher zu-
zumuten sein, es sei denn, die Berufstätigkeit konnte nur
unter Mithilfe des Ehepartners organisiert werden, der nun
trennungsbedingt nicht mehr zur Verfügung steht.

Erwerbsobliegenheit

Ist der Unterhaltsberechtigte verpflichtet, eine Erwerbstätigkeit aufzunehmen („Obliegenheit"), muss er nur eine
eheangemessene Arbeit annehmen; der soziale Status der
Ehepartner wird also berücksichtigt. Weigert er sich, eine zumutbare Tätigkeit aufzunehmen/auszuweiten, wird ihm fiktiv ein Einkommen zugerechnet. Gleiches gilt, wenn sich der
Berechtigte nicht bewirbt und bei ernsthaften Bemühungen
eine reale Beschäftigungschance bestanden hätte. Diese Fik-
tiveinkünfte sind vom Unterhaltsanspruch abzuziehen.

Wichtig

In folgenden Fällen kann keine Aufnahme einer Tätig-
keit vom Unterhaltsberechtigten verlangt werden:
- Minderjährige gemeinsame Kinder unter acht Jah-
  ren werden betreut.
- Eine Erwerbstätigkeit ist aufgrund von hohem
  Alter nicht zumutbar.
- Eine Erwerbstätigkeit ist aufgrund von Krankheit
  oder Behinderung nicht zumutbar.
- Es muss erst noch eine Ausbildung absolviert
  werden.

16. Verpflichtungs- umfang und Trennung

Trennungsunterhalt kann den gesamten Lebensbedarf des bedürftigen Ehepartners umfassen.

Elementarunterhalt & Co.

Zum Lebensbedarf zählen Kosten für Wohnen, Verpflegung, Kleidung, Beruf, Freizeit sowie alle übrigen Bedürfnisse, die auch im Rahmen des Familienunterhalts bestanden. Dies deckt der so genannte Elementarunterhalt. Hinzu kommen eventuell Mehr- und Sonderbedarf (→ 11. Verpflichtungsum- fang für Kinder), sowie Gesundheits- und Altersvorsorge, wenn der Unterhaltspflichtige leistungsfähig ist. Mehrbedarf sind zum Beispiel höhere Lebenshaltungskosten. Als Sonder- bedarf anfallen können Krankheitsfälle oder ein Prozesskos- tenvorschuss (wenn der Unterhaltsberechtigte einen erfolg- versprechenden Rechtsstreit in persönlicher Angelegenheit nicht finanzieren kann).

Gut zu wissen

Durch die Einreichung der Scheidung kann beim Unterhaltsberechtigten eine Lücke in der Renten- biographie entstehen. Dann darf zusätzlich Vorsor- geunterhalt verlangt werden, wenn der Unterhalts- pflichtige leistungsfähig genug ist. Das Gleiche gilt für Kosten einer eheangemessenen Versorgung für Krankheit und Pflege. Der Unterhaltsberechtigte ist meist über die Familienversicherung mitversichert. Ist der Berechtigte privat versichert, muss der leis- tungsfähige Verpflichtete auch dies übernehmen.

Konkrete Bedarfsermittlung

Der Unterhaltsbedarf wird immer an den ehelichen Lebensverhältnissen bemessen. Bei einem Einkommen, das zu einem Bedarf von mindestens 4 000 Euro monatlich führt, gilt die konkrete Bedarfsermittlung. Denn grundsätzlich hat der unterhaltsberechtigte Ehepartner auch nach der Trennung Anspruch auf den höheren Lebensstandard. Dazu muss er seinen tatsächlichen Bedarf genau zusammenstellen. Eine Sättigungsgrenze (Begrenzung nach oben) gibt es nicht.

Der konkrete Konsum

Folgende Positionen kommen hier beispielsweise zum Tragen: Wohnen (Miete, Nebenkosten, Heizung, Strom, Instandhaltungsrücklagen, Finanzierungsaufwand), Versicherungen jeder Art (Krankheit, Pflege, Altersvorsorge, Hausrat, Unfall, Berufsunfähigkeit, Lebensversicherung, private Rentenversicherung, Haftpflicht, Auto), Kleidung, Auto (Anschaffungskosten, Steuern, Reparaturrücklagen, Garage, Inspektion), Zeitungen, Zeitschriften, Telefon, Fax, Internet, Computer, GEZ-Gebühren, Kultur, Sport, Kino, Friseur, Urlaub, Hobbys, Mitgliedsbeiträge, Kosmetika, Aufwendungen für Kindermädchen, Haushaltshilfen oder Gärtner, Haustiere, Vermögensbildung und allgemeine Lebenshaltungskosten (Essen, Trinken, Restaurantbesuche, Einladungen, Anschaffungen von Hausrat und Mobiliar, Geschenke, Spenden).

Auf einen Blick

Unterhalt umfasst den gesamten Lebensbedarf:
- Elementarunterhalt
- Vorsorgeunterhalt für Krankheit, Pflege und Alter
- Mehrbedarf/ Sonderbedarf
- Ausbildungsunterhalt
- Prozesskostenvorschuss

17. Berechnung des Trennungsunterhalts

Das Gesetz schreibt keine konkrete Berechnungsmethode für Unterhalt vor; die Entscheidung liegt beim Richter.

Der Quotenunterhalt

Sämtliche Berechnungsmodelle werden vom Halbteilungsgrundsatz bestimmt: Da das Gesetz Erwerbstätigkeit und Haushaltsführung/Kinderbetreuung als gleichwertig ansieht, nehmen Ehepartner in gleicher Weise am ehelichen Lebensstandard teil. Bei der Bedarfsermittlung ist jedem die Hälfte des Einkommens zuzusprechen. Bestehen mehrere Unterhaltsansprüche (Elementar-, Vorsorgeunterhalt), wird ihre Summe durch den Halbteilungsgrundsatz begrenzt: Mehr als die Hälfte des verteilungsfähigen Einkommens muss der Unterhaltspflichtige nicht zahlen, selbst wenn er leistungsfähig genug ist. Eingeschränkt wird dieser Grundsatz durch den Erwerbstätigenbonus: Dem Erwerbstätigen wird eine höhere Bedarfsquote zugebilligt – $4/7$ des bereinigten und eheprägenden Einkommens. Überwiegend wird nach der Differenzmethode gerechnet. Bei Doppelverdienerehen hat der Berechtigte Anspruch auf $3/7$ aus der Differenz der beiden bereinigten eheprägenden Einkommen.

Beispiel

Der Mann verfügt über ein bereinigtes eheprägendes Einkommen von 2 000 Euro, die Frau über eines von 1 000 Euro. Aus der Differenz von 1 000 Euro hat die Frau einen Trennungsunterhaltsanspruch von $3/7$, also 428,57 Euro.

Differenz statt Anrechnung

Nach einem Grundsatzurteil des Bundesgerichtshofs von 2001 findet diese Berechnungsmethode auch dann Anwendung, wenn der Unterhaltsberechtigte nach der Trennung eine Erwerbstätigkeit aufnimmt oder eine schon vor der Trennung ausgeübte Erwerbstätigkeit ausweitet.

Nach der vorher geltenden Rechtsprechung wurden derartige Einkünfte vom eheprägten Bedarf abgezogen. Der Unterhaltsbedarf wurde ausschließlich aus dem Einkommen des Alleinverdieners ermittelt, die Leistung des haushaltsführenden/kinderbetreuenden Ehepartners nicht als geldwerte Leistung verstanden. Folge: Der Unterhaltsanspruch reduzierte sich zum Teil empfindlich.

Konkrete Bedarfsermittlung

Bei sehr guten Einkommensverhältnissen (Nettoeinkommen ab etwa 8 000 Euro) ist der eheprägte Bedarf konkret zu ermitteln (→ 16. Verpflichtungsumfang und Trennung). Der berechtigte Ehepartner hat einen Bedarf in Höhe der Hälfte des Gesamtbedarfs (Halbteilungsgrundsatz). Sofern dieser nicht durch eigene Einkünfte gedeckt werden kann, beträgt der Bedarf des Berechtigten die Hälfte des bereinigten Nettoeinkommens. Eine Begrenzung nach oben (Sättigungsgrenze) wird vom Bundesgerichtshof abgelehnt. Ist der Lebensstandard entsprechend luxuriös, kann ein Unterhaltsanspruch durchaus 10 000 Euro (natürlich auch mehr) betragen.

Gut zu wissen

Letztlich wird jede Unterhaltsberechnung einer Billigkeitskontrolle unterzogen: Das Gericht prüft abschließend, ob die Verteilung der im konkreten Fall vorhandenen finanziellen Mittel angemessen ist.

18. Scheidungsunterhalt

Einen Anspruch auf Trennungsunterhalt hat man bis zur rechtskräftigen Scheidung; dann gelten die Regeln zum nachehelichen Unterhalt.

Finanziell auf eigenen Füßen

Der nacheheliche Unterhalt ist vom Trennungsunterhalt rechtlich streng zu trennen. Während der Ehe ist die wechselseitige Verantwortung füreinander Ausgangspunkt für Unterhaltsverpflichtungen.

Nach der Ehe, also ab dem Tag der rechtskräftigen Scheidung, gelten für die Partner laut Gesetzgeber dann die beiden Prinzipien der „Eigenverantwortung" und der „nachwirkenden Mitverantwortung".

Solidarität nach der Ehe

Unter dem Prinzip der „Eigenverantwortung" versteht man, dass jeder Ehepartner nach einer Scheidung grundsätzlich für seinen Unterhalt selbst aufkommen muss. Es besteht die Verpflichtung, eine Erwerbstätigkeit aufzunehmen (Erwerbsobliegenheit).

Dieser Grundsatz wird durch das Prinzip der „nachwirkenden Mitverantwortung" eingeschränkt: Ist die Bedürfnislage eines geschiedenen Ehepartners mit der Ehe in Verbindung zu sehen, soll aus nachwirkender Solidarität der wirtschaftlich stärkere Ehepartner dem wirtschaftlich schwächeren einen eheangemessenen Unterhalt zahlen. Trotz des Prinzips der Eigenverantwortung hat dieser wirtschaftlich schwächere Partner einen Anspruch darauf, dass der eheliche Lebensstandard aufrechterhalten wird. Man spricht in diesem Zusammenhang von der Lebensstandardgarantie.

Auf einen Blick

- Scheidungsunterhalt gibt es nur bei Bedürftigkeit. Hat man selbst genug, bekommt man nichts.
- Unterhaltspflicht setzt Leistungsfähigkeit voraus. Allerdings muss man sich darum bemühen, leistungsfähig zu sein, zum Beispiel durch zumutbare Erwerbstätigkeit.

Wann ein Unterhaltsanspruch besteht

In diesen Fällen ist Scheidungsunterhalt vorgesehen:
- Betreuung eines gemeinsamen Kindes
- Alter
- Krankheit oder Gebrechen
- Fehlende Erwerbsmöglichkeit
- Unzureichende eigene Einkünfte
- Ausbildung, Fortbildung oder Umschulung
- Sonstige Billigkeitsgründe (Ausnahmefälle, die von den anderen sechs Unterhaltsarten nicht berücksichtigt werden)

Wenn ein Unterhaltsanspruch endet, zum Beispiel Kinderbetreuung, kann er auch von einem anderen Anspruch, zum Beispiel Krankheit, abgelöst werden: Man spricht von einer Unterhaltskette. Wird sie unterbrochen, ist Bedürftigkeit nicht mehr ehebedingt – der Betroffene muss für seinen Unterhalt selbst aufkommen. Aber hier gibt es zahlreiche Ausnahmen.

Wichtig

Da beim Trennungs und Scheidungsunterhalt auf viele Details geachtet werden muss, ist es – vor allem bei Zweifelsfällen – unbedingt zu empfehlen, sich von einem Anwalt beraten zu lassen.

19. Kinderbetreuung

Nach der Scheidung kann derjenige, der gemeinsame Kinder betreut, Unterhalt dafür verlangen.

Zum Wohle des Kindes

Wenn sich ein geschiedener Ehepartner um gemeinsame Kinder kümmert („Pflege und Erziehung"), kann die Aufnahme einer Erwerbstätigkeit kaum von ihm erwartet werden; er hat meist Anspruch auf Unterhalt. Dieser Betreuungsunterhalt hat das Wohl des Kindes im Auge: Es darf unter der Scheidung der Eltern nicht mehr als unvermeidbar leiden, soll also möglichst in der Obhut eines Elternteils bleiben. Die Betreuung endet spätestens mit dem 18. Geburtstag, denn volljährige Kinder können rechtlich nicht mehr betreut werden, selbst wenn sie (zum Beispiel aufgrund einer Behinderung) tatsächlich betreut werden müssen. Es kommt dann ein Anspruch auf Unterhalt wegen Erwerbslosigkeit oder Billigkeit in Frage.

Kind und Job

Wurde vor der Trennung trotz Kinderbetreuung ohne wirtschaftliche Not ein Beruf ausgeübt, kann nach der Scheidung eher die Aufnahme einer Erwerbstätigkeit gefordert werden. Das Gleiche gilt bei beengten wirtschaftlichen Verhältnissen.

Wichtig

Um einen Unterhaltsanspruch zu haben, muss die Betreuung Ursache für die Nichterwerbstätigkeit sein. Dabei darf der Berechtigte sich frei entscheiden: Unerheblich ist, ob eine Betreuung auch durch jemand anderen (zum Beispiel die Großeltern) erfolgen könnte.

Wer muss arbeiten, wer nicht?

Für Betreuung und Verpflichtung zur Aufnahme einer Erwerbstätigkeit gibt es Erfahrungssätze in der Rechtsprechung:

- Betreuung eines Kindes unter 8: keine Erwerbsverpflichtung
- Betreuung eines Kindes zwischen 8 und 10: vom Einzelfall
  abhängig – teils wird eine Erwerbsverpflichtung verneint,
  teils eine sozialversicherungsfreie Tätigkeit verlangt
- Betreuung eines Kindes zwischen 11 und 15: Meist wird
  eine Teilzeit- oder auch Halbtagstätigkeit verlangt
- Betreuung eines Kindes ab etwa 15: Es wird überwiegend
  eine Vollzeittätigkeit verlangt

Bei Betreuung mehrerer Kinder wird eine Erwerbstätigkeit
nur eingeschränkt verlangt:

- Bei zwei kleinen Kindern: gar nicht
- Zwei Kinder unter 8 und 14: eher nein
- Zwei Kinder im Alter von 10 und 15: Teilzeit, aber nur,
  wenn die Arbeitszeit frei bestimmt werden kann
- Zwei Kinder im Alter von 11 und 15: vom Einzelfall abhän-
  gig; Teilzeit scheidet nicht grundsätzlich aus
- Ein Kind im Alter von 9 und Zwillinge im Alter von 17:
  grundsätzlich keine Vollzeittätigkeit
- Zwillinge im Alter von 8 und ein Kind im Alter von 11:
  vom Einzelfall abhängig
- Vier Kinder im Alter von 7 bis 16: vom Einzelfall abhängig

Gut zu wissen

Lässt sich der Unterhaltspflichtige ein weiteres Mal
scheiden, lebt der Betreuungsunterhaltsanspruch
wieder auf. Das bedeutet: Gegenüber dem Unter
haltsanspruch des neuen Ehepartners ist der Betreuungsunterhaltsanspruch des geschiedenen Ehegatten
vorrangig.

20. Alter, Krankheit, Gebrechen

Hat der geschiedene Ehepartner ein bestimmtes Alter erreicht, ist er krank oder gebrechlich, kann er Unterhalt beanspruchen.

Altersunterhalt

Wenn der geschiedene Ehepartner altersbedingt keine Arbeit findet, hat er grundsätzlich Anspruch auf Unterhalt. Der Gesetzgeber definiert den Begriff „Alter" allerdings nicht; es kommt auf den Einzelfall an: Geprüft werden die Erfolgsaussichten einer Bewerbung unter Berücksichtigung von Berufsausbildung, früherer Erwerbstätigkeit, Dauer der Arbeitsunterbrechung, Wiedereingliederungsproblemen, Ehedauer, ehelichen Verhältnissen, Gesundheitszustand und Lage auf dem derzeitigen Arbeitsmarkt.

Eine Frage der Zeit

Der Anspruch auf Altersunterhalt setzt auch voraus, dass die Erwerbslosigkeit zu bestimmten Zeitpunkten, den so genannten Einsatzzeitpunkten, bestand. Das kann Folgendes sein:

- Scheidung
- Beendigung der Betreuung eines gemeinsamen Kindes
- Wegfall der Voraussetzungen für Unterhalt wegen Krankheit oder Erwerbslosigkeit beziehungsweise Aufstockungsunterhalt (wenn das Einkommen nicht ausreicht, um den ehelichen Lebensstandard aufrechtzuerhalten)

Gut zu wissen

Ab dem Erreichen des Rentenalters wird Altersunterhalt immer bewilligt.

Krankheitsunterhalt

Für den Anspruch auf Krankheitsunterhalt muss eine krankheitsbedingte Erwerbsunfähigkeit oder -beschränkung vorliegen.

Krankheit ist hierbei ein „objektiv erfassbar regelwidriger Körper- oder Geisteszustand", der regelmäßig ärztlich behandelt werden muss und/oder zur Arbeitsunfähigkeit führt. Für Gebrechen wie Blindheit, Taubheit, Lähmung oder Körperbehinderung gilt das Gleiche.

Auch Suchtkrankheiten (Rauschgift-, Tabletten- oder Alkoholabhängigkeit) zählen zum Begriff Krankheit. Der Unterhaltsberechtigte ist aber gezwungen, sich in jedem Fall den notwendigen Entziehungskuren und anderen aussichtsreichen Heilbehandlungen zu unterziehen und aktiv an seiner Genesung mitzuarbeiten.

Krank — seit wann?

Auch beim Krankheitsunterhalt sind wieder die schon erwähnten Einsatzzeitpunkte zu berücksichtigen:

- Scheidung
- Beendigung der Betreuung eines gemeinsamen Kindes
- Beendigung von Ausbildung, Fortbildung oder Umschulung
- Wegfall der Voraussetzungen, unter denen Unterhalt wegen Erwerbslosigkeit beziehungsweise Aufstockungsunterhalt (wenn das Einkommen nicht ausreicht; siehe Altersunterhalt) zugesprochen wird

Wichtig

Lohnersatzleistungen, wie zum Beispiel Krankengeld oder eine Unfallrente, werden als unterhaltsrechtlich relevantes Einkommen auf den Unterhaltsanspruch bei Krankheit angerechnet.

21. Erwerbslosigkeit, Ausbildung

Auch Arbeitslosigkeit, Aus- und Fortbildung oder Umschulung können einen Unterhaltsanspruch begründen.

Unterhalt wegen Erwerbslosigkeit

Soweit kein Unterhalt wegen Kinderbetreuung, Alter oder Krankheit beansprucht werden kann, gibt es unter Umständen Scheidungsunterhalt wegen Erwerbslosigkeit, denn: Der eheliche Lebensstandard soll erhalten werden. Voraussetzung für einen solchen Anspruch ist ein intensives und regelmäßiges Bemühen des betroffenen Ehepartners um eine Tätigkeit. Bloße Meldungen beim Arbeitsamt und/oder gelegentliches Zeitungsstudium genügen hierfür nicht: Die Gerichte erwarten 20 bis 30 ernsthafte Bewerbungen pro Monat. Es muss aber auch eine reale Beschäftigungschance bestehen.

Der Ehe angemessen

Der Unterhaltsberechtigte ist allerdings nicht verpflichtet, jede beliebige Stelle anzunehmen, sondern braucht lediglich eine eheangemessene Tätigkeit auszuüben. Beispiel: Die Frau eines Chefarztes muss nicht putzen gehen. Für die Angemessenheit werden berücksichtigt:

- Eheliche Lebensverhältnisse und Ehedauer
- Ausbildung und Fähigkeiten
- Soziale Stellung
- Frühere Tätigkeiten
- Alter
- Gesundheitszustand

Verliert der Berechtigte eine eheangemessene Erwerbstätigkeit, lebt der Unterhaltsanspruch wegen Erwerbslosigkeit übrigens wieder auf.

Wichtig

Der Unterhaltsberechtigte muss eine ernsthafte und regelmäßige Stellensuche durch schriftliche Bewerbungsunterlagen nachweisen. Es genügt keinesfalls, sich arbeitslos zu melden oder selbst eine Stellenanzeige aufzugeben.

Ausbildungsunterhalt

Verfügt der berechtigte Ehepartner nicht über eine eheangemessene abgeschlossene Ausbildung oder hat in Erwartung oder während der Ehe eine Schul- beziehungsweise Berufsausbildung nicht aufgenommen oder abgebrochen (zum Beispiel wegen der Geburt eines Kindes), schuldet der Verpflichtete zunächst Ausbildungsunterhalt. Diese Ausbildung muss notwendig sein, um eine Erwerbstätigkeit ausüben zu können, die den ehegeprägten Unterhalt nachhaltig sichert. Sie muss so bald wie möglich nach der Scheidung aufgenommen werden. Berücksichtigt werden dann Lebenshaltungs- und Ausbildungskosten (zum Beispiel Schulgebühren und Bücher). Entsprechendes gilt bei einer Fortbildung oder Umschulung.

Gut zu wissen

Kann der Berechtigte seinen ehegeprägten Unterhaltsbedarf nicht durch eine angemessene Tätigkeit decken, wandelt sich der Unterhaltsanspruch wegen Erwerbslosigkeit in einen Anspruch auf Aufstockungsunterhalt (→ 22. Aufstockung, Billigkeit). Damit sollen keine ehebedingten Nachteile ausgeglichen, sondern Vorteile, nämlich der eheliche Lebensstandard, gesichert werden.

22. Aufstockung, Billigkeit

Wenn das Einkommen des Unterhaltsberechtigten nicht ausreicht, kann es aufgestockt werden. Für Härtefälle gibt es den Billigkeitsunterhalt.

Aufstockungsunterhalt

Aufstockungsunterhalt kommt infrage, wenn es dem geschiedenen Ehepartner trotz intensiver Anstrengungen nicht gelingt, durch eigene Erwerbstätigkeit den ehelichen Lebensstandard zu finanzieren – sei es, dass er keine oder nur eine Teilzeit- beziehungsweise minderqualifizierte Stelle findet, sei es, dass er einen einfachen Beruf erlernt hat. Er hat dann einen Anspruch auf $3/7$ aus der Differenz beider bereinigter Einkünfte.

Billigkeitsunterhalt

Kommt Unterhalt wegen Kinderbetreuung, Alter, Krankheit, Erwerbslosigkeit oder Ausbildung nicht in Betracht, kann vom bedürftigen Ehepartner aber aus „sonstigen schwer wiegenden Gründen" eine Erwerbstätigkeit nicht erwartet werden, hat er Anspruch auf Billigkeitsunterhalt. Damit will der Gesetzgeber jede ehebedingte Unterhaltsbedürftigkeit erfassen.

Gut zu wissen

Billigkeitsunterhalt sorgt für mehr Fairness: Denn die wenigen Unterhaltsfälle, die das Gesetz regelt, können zu Ungerechtigkeiten führen – wenn etwa der bedürftige Ehepartner erst nach der Scheidung krank wird und nicht mehr arbeiten kann.

Gründe für die Billigkeit

In den folgenden Fällen wurde von der Rechtsprechung beispielsweise ein „sonstiger schwer wiegender Grund" anerkannt:

- Betreuung eines Stief-/Pflegekindes
- Pflege von Angehörigen des Unterhaltspflichtigen
- Erhebliche Vermögensopfer zu Gunsten des Unterhaltspflichtigen
- Mitverantwortung des Unterhaltspflichtigen an einer Erkrankung des Unterhaltsberechtigten, ohne dass ein Anspruch auf Krankheitsunterhalt besteht

Im Rahmen einer umfassenden Billigkeitsabwägung der Belange beider Ehepartner können bedeutsam sein:

- Zusammenhang zwischen Bedürfnislage und ehelichen Lebensverhältnissen
- Lange Ehedauer (15 Jahre: ja; weniger als 10 Jahre: nein)
- Wirtschaftliche Verhältnisse (insbesondere dann, wenn der Verpflichtete ohne weiteres Unterhalt zahlen könnte)
- Eheliches Fehlverhalten des Unterhaltsberechtigten
- Besonders große Opfer des Berechtigten für die Lebensgemeinschaft oder den Verpflichteten (zum Beispiel Aufbau oder Sicherung einer Existenz, während einer Krankheit, in sonstigen Notlagen)

Auf einen Blick

Billigkeitsunterhalt kommt grundsätzlich infrage, wenn die Ablehnung einer Unterhaltszahlung unter Berücksichtigung der Interessen beider Ehepartner grob unbillig wäre. Grobe Unbilligkeit bedeutet, dass die Ablehnung dem Gerechtigkeitsempfinden in unerträglicher Weise widerspricht.

23. Verpflichtungs- umfang und Scheidung

Der Scheidungsunterhalt kann wie der Trennungsunterhalt den gesamten Lebens- bedarf des Berechtigten umfassen.

Das kann berücksichtigt werden

Scheidungsunterhalt wird ab dem Tag der rechtskräftigen Scheidung geschuldet, wenn sie also nicht mehr vor einem Gericht angefochten werden kann. Der Umfang bestimmt sich nach den ehelichen Lebensverhältnissen und umfasst den gesamten Lebensbedarf. Hierzu gehören auch folgende Positionen:

- Kosten einer angemessenen Versicherung für den Fall der Krankheit und Pflege
- Kosten einer angemessenen Versicherung zur Altersvorsorge sowie für den Fall der Erwerbsminderung
- Kosten einer Schul- oder Berufsausbildung, einer Fortbildung oder Umschulung

Wie schon beim Trennungsunterhalt ist das verfügbare Einkommen, mit dem auch alle Bedürfnisse der ehelichen Lebensgemeinschaft bezahlt wurden, maßgeblich (→ 16. Verpflichtungsumfang und Trennung). Wie in der Trennungszeit gilt ein objektiver Maßstab: Das rechnerische Ergebnis ist gegebenenfalls zu korrigieren.

Wichtig

Bedeutender Unterschied zur Trennungszeit: Ein Prozesskostenvorschuss wird nach der rechtskräftigen Scheidung nicht mehr geschuldet (→ 16. Verpflichtungsumfang und Trennung).

Wie in der Ehe auch

Maßgebend für die Unterhaltsberechnung sind die ehegeprägten Lebensverhältnisse zum Zeitpunkt der Scheidung. An einer normalen Weiterentwicklung der ehelichen Lebensverhältnisse nimmt der unterhaltsberechtigte Ehepartner auch nach der Scheidung teil – wenn der Unterhaltspflichtige beispielsweise befördert wird, geht man davon aus, dass dies bereits während der Ehe absehbar war. Sollte der Unterhaltspflichtige nach der Scheidung allerdings unerwartet einen Karrieresprung oder eine Erbschaft machen, so ist das eine vom Normalverlauf abweichende Entwicklung und wirkt sich auf den Unterhalt nicht mehr aus: Die ehelichen Lebensverhältnisse wurden dadurch nicht geprägt.

Mehrbedarf und Sonderbedarf können für den nachehelichen Unterhalt ebenso anfallen wie für den Trennungsunterhalt (→ 16. Verpflichtungsumfang und Trennung).

Unterhaltsberechnung

Zur konkreten Berechnung des Scheidungsunterhalts sind – wie beim Trennungsunterhalt auch – der Halbteilungsgrundsatz, der eheprägte Lebensbedarf, die Bedürftigkeit des Unterhaltsberechtigten und die Leistungsfähigkeit des Unterhaltspflichtigen zu berücksichtigen (→ 17. Berechnung des Trennungsunterhalts).

Gut zu wissen

Wann die Unterhaltspflicht enden kann:
- Tod des Unterhaltsberechtigten
- Heirat oder Lebenspartnerschaft des Unterhaltsberechtigten

Aber: Stirbt der Unterhaltspflichtige, geht der Unterhaltsanspruch auf den Erben des Berechtigten über (allerdings nur in begrenzter Höhe).

24. Verwandten-unterhalt

Bedürftige Verwandte in gerader Linie (Großeltern, Eltern, Kinder) sind einander wechselseitig zu Unterhalt verpflichtet.

Unterhalt für die Eltern

Wenn Senioren in einem Heim untergebracht sind, fallen natürlich Kosten an. Diese werden finanziert durch deren Rente/Pension, durch die Pflegeversicherung, durch ein eventuell vorhandenes Vermögen (mit Ausnahme des „Schonvermögens") oder durch Sozialhilfe, wenn die Kosten sonst nicht gedeckt werden können. Aber aufgrund der dramatisch leeren Kassen nehmen Sozialämter immer häufiger die erwachsenen Kinder dieser Senioren in Anspruch (Unterhaltsregress). Das bedeutet eine Doppelbelastung: Die Kinder müssen zunächst ihre eigenen minderjährigen oder in der Ausbildung befindlichen Kinder finanzieren und dann für die Heim- und Pflegekosten ihrer Eltern aufkommen.

Der Staat ist knapp bei Kasse

Der Bundesgerichtshof hat im Jahr 2002 Grundsätze aufgestellt, um die Generationengerechtigkeit nicht zu gefährden:

- Beim Unterhaltsumfang ist von der Lebensstellung des Verpflichteten auszugehen, die dieser vor Eintritt der Unterhaltsbedürftigkeit seiner Eltern erreicht hatte (Einkommen, Vermögen, sozialer Rang).
- Die Verpflichtung zum Elternunterhalt darf nicht so weit führen, dass der Verpflichtete mehr von seinem Einkommen hierfür einzusetzen hat, als ihm selbst verbleibt.
- Vom bereinigten Einkommen sind nur 50 Prozent des den angemessenen Selbstbehalt (derzeit 1 250 Euro) übersteigenden Einkommens für Elternunterhalt einzusetzen.

Das muss berücksichtigt werden

Damit hat der Bundesgerichtshof die finanzielle Zuständigkeit deutlich auf den Staat verlagert. Im Rahmen der Bereinigung des Erwerbseinkommens unterhaltspflichtiger Kinder sind außerdem nicht nur erhöhte Vorsorgeaufwendungen für Krankheit und Alter, Berufs- und Erwerbsunfähigkeit anzuerkennen, sondern auch Aufwendungen für Versicherungen (private Haftpflicht-, Unfall-, Lebens-, Rechtsschutz-, Krankenhaustagegeld- oder Kfz-Versicherung).

Ferner werden anerkannt: Rücklagen für Ersatzbeschaffungen (Auto, Kleidung und so weiter), Urlaub, Hobbys, Kultur, vermögenswirksame Leistungen sowie Aufwendungen für das selbst genutzte Eigenheim.

Das Sozialamt in der Pflicht

Darüber hinaus wenden die Gerichte häufig „Verwirkung" an: Leistet das Sozialamt die Heimunterbringungskosten, muss es den Unterhaltsanspruch geltend machen, gegebenenfalls gerichtlich durchsetzen. Lässt es die Verfolgung eines Unterhaltsanspruchs ruhen, kann er nach einem Jahr verwirkt sein. Verwirkung setzt ein Zeit- und ein Umstandsmoment voraus. Nach Ablauf eines Jahres kann das wichtigere Zeitmoment erfüllt sein. Das Umstandsmoment ist eventuell erfüllt, weil der Verpflichtete nach Ablauf eines Jahres – und erst recht, wenn noch mehr Zeit verstrichen ist – darauf vertrauen durfte, dass er nicht mehr in Anspruch genommen werden soll.

Gut zu wissen

Elternunterhalt hat Nachrang gegenüber Ansprüchen von minderjährigen und privilegierten volljährigen Kindern (→ 9. Volljährige Kinder), von Ehegatten, geschiedenen Ehepartnern und von nicht miteinander verheirateten Eltern.

25. Sonderfälle II

Der Gesetzgeber berücksichtigt heute Ansprüche nicht verheirateter Eltern und eingetragener Lebenspartner stärker.

Nicht verheiratete Eltern

Nicht miteinander verheiratete Eltern gemeinsamer Kinder haben eine Reihe von Unterhaltsansprüchen. Voraussetzungen: Feststehen der Vaterschaft, Bedürftigkeit beim Berechtigten und Leistungsfähigkeit beim Verpflichteten (mit erhöhtem Selbstbehalt von 1 000 Euro).

- Unterhalt für die Mutter sechs Wochen vor und acht Wochen nach der Geburt des Kindes
- Entbindungs- und schwangerschaftsbedingte Kosten (auch außerhalb dieses Zeitraums)
- Unterhalt für die Mutter für den Zeitraum von vier Monaten vor bis drei Jahre nach der Geburt des Kindes, wenn sie wegen Schwangerschaft/Betreuung nicht erwerbstätig sein kann
- Betreuungsunterhalt für den Vater
- Beerdigungskosten, wenn die Mutter während Schwangerschaft oder Entbindung stirbt und ihre Erben die Kosten nicht tragen können
- Kranken- und Pflegevorsorgeunterhalt
- Sonder- und/oder Mehrbedarf (zum Beispiel Säuglingserstausstattung)

Gut zu wissen

Die Bedürftigkeit kann vermindert werden durch Fortzahlung des Arbeitsentgelts, Mutterschaftsgeld oder Einkommen. Erziehungsgeld hingegen zählt nicht dazu.

Was wird wie lang gezahlt?

Die Höhe des Unterhaltsbedarfs richtet sich nach der Lebensstellung der Mutter. War sie bisher nicht erwerbstätig, gilt ein Pauschalbetrag von 730 Euro, bei Erwerbstätigkeit von 840 Euro.

Eine Unterhaltsverlängerung über den dritten Geburtstag des Kindes hinaus wird nur in Ausnahmefällen akzeptiert: wenn besonderer Betreuungsbedarf des Kindes besteht (Krankheit, Behinderung), keine andere Betreuungsmöglichkeit existiert, der Vater in sehr günstigen wirtschaftlichen Verhältnissen lebt, die Mutter mehrere vom Vater abstammende Kinder betreut oder wenn sie selbst krank/behindert ist.

Eingetragene Lebenspartnerschaft

Seit August 2001 bestehen Unterhaltsansprüche auch zwischen eingetragenen Lebenspartnern.

Vor der Trennung gelten die Bestimmungen für Ehepartner (→ 13. Familienunterhalt). Nach der Trennung besteht Unterhaltsanspruch gemäß den lebenspartnerschaftlichen Lebensverhältnissen, die sich bis zur Auflösung der Lebenspartnerschaft weiterentwickeln können. Im Unterschied zu Ehepartnern kann ein Lebenspartner leichter zur Aufnahme einer Erwerbstätigkeit verpflichtet werden.

Nach Auflösung der Lebenspartnerschaft kommt nur noch ein Unterhaltsanspruch wegen Alter, Krankheit oder Gebrechen infrage; Aufstockungsunterhalt oder Unterhalt bei Arbeitslosigkeit gibt es nicht.

Wichtig

Veröffentlichte Gerichtsentscheidungen gibt es zu den Unterhaltsansprüchen zwischen eingetragenen Lebenspartnern noch nicht. Es ist daher sinnvoll, sich im Zweifel von einem Anwalt beraten zu lassen.

26. Recht auf Auskunft

Verwandte in gerader Linie, (geschiedene) Ehepartner, nicht verheiratete Eltern und eingetragene Lebenspartner sind verpflichtet, einander wechselseitig Auskunft über ihre Finanzen zu erteilen.

Grundlage für den Unterhalt

Durch die Auskunft sollen die Beteiligten mögliche Unterhaltsansprüche und deren Höhe prüfen und berechnen können. Dazu muss das gesamte Einkommen offen gelegt werden (→ 4. Einkommen – was zählt dazu?). Der Auskunftsanspruch erfasst alle Umstände, die Aufschluss über Leistungsfähigkeit, Bedarf oder Bedürftigkeit geben: Abbruch/Wiederaufnahme einer Ausbildung oder Erwerbstätigkeit, Beendigung von Darlehensverpflichtungen, Wegfall von Unterhaltszahlungen oder Steuererstattungen. Solche Änderungen sind eventuell sogar unaufgefordert mitzuteilen. Ein schuldhafter Verstoß gegen diese Pflicht kann Schadenersatz zur Folge haben: Zu wenig gezahlter Unterhalt ist nachzuzahlen, zu viel gezahlter kann zurückverlangt werden.

Der Auskunftszeitraum erstreckt sich bei abhängig Beschäftigten auf die letzten zwölf Monate, bei Selbstständigen auf die letzten drei bis fünf Jahre.

Vermögenswerte

Der Auskunftsanspruch bezieht sich auch auf Vermögen, denn daraus erzielt der Unterhaltspflichtige unter Umständen Einkünfte, etwa Zinsen oder Miete. Tut er dies nicht, wird zum Beispiel eine Wohnung zu billig vermietet, ist er so zu behandeln, als würde er diese Einkünfte tatsächlich erzielen – sein Einkommen wird dann höher angesetzt.

Wichtig

Trennungs- und Scheidungsunterhalt sind rechtlich voneinander abzugrenzen (→ 18. Scheidungsunterhalt). Die für den Trennungsunterhalt erteilte Auskunft kann daher nicht als Grundlage für die Berechnung des Scheidungsunterhalts dienen.

Alle zwei Jahre wieder

Eine Pflicht zur Auskunft besteht alle zwei Jahre. Kann der Unterhaltsberechtigte glaubhaft machen, dass der Verpflichtete bereits vorher wesentlich höhere Einkünfte oder weiteres Vermögen erworben hat (beispielsweise durch Aktiengewinne), darf auch früher Auskunft verlangt werden.

Die Auskunftpflicht entfällt nur, wenn unter keinem denkbaren Gesichtspunkt Unterhalt geschuldet wird oder der gezahlte Unterhalt nicht beeinflusst werden kann. Dies ist etwa der Fall, wenn kein Unterhaltsanspruch besteht. Beispiel: Der geschiedene unterhaltsberechtigte Ehepartner heiratet wieder und verlangt von seinem ehemaligen Ehepartner Auskunft. Da mit der Heirat der Scheidungsunterhaltsanspruch endet, wird auch keine Auskunft mehr geschuldet.

Gut zu wissen

Bei Ehe- oder eingetragenen Lebenspartnern erfasst die Auskunft nur Einkünfte, die die ehelichen oder lebenspartnerschaftlichen Verhältnisse nachhaltig geprägt haben. Erfolgt nach der Scheidung oder Auflösung der Partnerschaft ein unvorhersehbarer Karrieresprung, muss der Unterhaltspflichtige dies nicht mitteilen.

27. Nachweis der Auskunft

Die Auskunft zum Einkommen muss durch Vorlage prüffähiger Belege, zum Beispiel Verdienstabrechnungen, nachgewiesen werden.

Bei abhängig Beschäftigten

Bei abhängig Beschäftigten genügt zur Einkommensauskunft häufig die Vorlage der letzten zwölf Verdienstabrechnungen mit Aufschlüsselung der Einzelpositionen. Eventuell ist sogar nur die Lohnsteuerkarte erforderlich.

Aber Achtung: Hier sind nicht sämtliche Einkünfte vermerkt; es fehlen zum Beispiel Arbeitslosen- und Krankengeld oder steuerfreie Einkünfte (wie Spesen und Zuschläge für Nacht- und Feiertagsarbeit).

Wichtig

Die Auskunft kann ab dem „Auskunftsverlangen" des Unterhaltsberechtigten gegenüber dem Verpflichteten (am besten per Einwurfeinschreiben) oder ab Einreichen einer entsprechenden Klage beim Familiengericht eingefordert werden.

Bei Selbstständigen

Bei Selbstständigen, Freiberuflern und Gewerbetreibenden werden sehr umfangreiche Unterlagen der letzten drei bis fünf Jahre – unter Umständen auch mehr – angefordert. Welche Unterlagen das konkret sind, richtet sich nach der Rechtsform, in der der Selbstständige tätig ist. Infrage kommen beispielsweise Bilanzen, Gewinn- und Verlustrechnungen oder Einnahme-Überschuss-Rechnungen. Der letzte Steuerbescheid muss wegen der Steuererstattung beziehungsweise -nachforderung ebenfalls vorgelegt werden.

Keine oder falsche Auskunft

Wird eine Klage auf Auskunftserteilung beim Familiengericht eingereicht, holt dieses unter Umständen Auskünfte bei Arbeitgebern, Sozialleistungsträgern, Rententrägern, Versicherungsunternehmen oder Finanzämtern (bei Unterhaltsansprüchen eines Kindes) ein.

Hat der Berechtigte einen begründeten Verdacht, dass die Auskunft in einzelnen Punkten nicht ordnungsgemäß, also unvollständig oder falsch ist, kann er die Abgabe einer eidesstattlichen Versicherung verlangen. Ist diese nachweislich falsch, macht sich der Auskunftspflichtige strafbar.

Gut zu wissen

- Auf Verlangen ist auch die Steuererklärung mit sämtlichen Anlagen vorzulegen. Denn erst hieraus wird deutlich, welche steuerlich zulässigen Abzüge nach dem Unterhaltsrecht dem Einkommen hinzugerechnet werden müssen.
- Weist der Steuerbescheid/die Steuererklärung Daten des neuen Ehepartners aus, darf der Auskunftspflichtige diese Angaben unkenntlich machen. Generell gilt aber: Der Schutz des Steuergeheimnisses oder Belange einer Gesellschaft und/oder von Mitgesellschaftern müssen im Zweifel hinter den Interessen des Auskunftsberechtigten zurücktreten.
- Im Einzelfall wird die Vorlage des Arbeitsvertrags oder eines Gesellschaftsvertrags gefordert.
- Kapitaleinkünfte können durch Bestätigung der Bank belegt werden, bei Mieteinkünften ist der Mietvertrag ausreichend.

28. Unterhalt für die Vergangenheit

In Ausnahmefällen kann auch für zurückliegende Zeiträume Unterhalt verlangt werden.

Auskunft, Klage und Verzug

Da Unterhalt monatlich im Voraus fällig ist, kann er beim Verwandten-, Trennungs- und Familien- sowie Unterhalt eingetragener Lebenspartner und nicht verheirateter Eltern ab dem Ersten des Monats verlangt werden, in dem ein Auskunftsverlangen zugegangen ist (→ 27. Nachweis der Auskunft), eine Unterhaltsklage erhoben wurde oder der Unterhaltspflichtige sich in Verzug befindet.

Eine Unterhaltsklage ist dann erhoben, wenn sie dem Beklagten vom Familiengericht zugestellt wurde.

Verzug setzt voraus, dass der Unterhaltspflichtige nach Unterhaltsfälligkeit mit einer Mahnung aufgefordert wird, entweder Auskunft zu erteilen oder einen konkreten Unterhaltsbetrag zu zahlen. Kommt er dem nicht innerhalb der gesetzten Frist nach, befindet er sich anschließend in Verzug. Stellt sich dann in einem Gerichtsverfahren die Forderung als berechtigt heraus, muss er ab dem Ersten des Mahnungsmonats Unterhalt zahlen.

Eine Mahnung ist in einigen Fällen entbehrlich, etwa wenn der Betroffene sich konsequent weigert zu zahlen. Oder er akzeptiert den Unterhalt, zahlt aber trotzdem nicht.

Wichtig

Bewiesen werden muss der Zugang einer Mahnung oder Unterhaltsforderung. Deshalb sollten sie schriftlich per Einwurfeinschreiben erfolgen.

Nach der Scheidung

Bei nachehelichen Unterhaltsansprüchen, also nach Rechtskraft der Scheidung, ist der Unterhalt nur taggenau ab Klageerhebung oder Verzugseintritt zu zahlen, nicht ab dem Ersten des entsprechenden Monats. Nur wenn der Unterhaltspflichtige sich absichtlich entzogen hat, kann Unterhalt für einen weiter zurückliegenden Zeitraum verlangt werden. Ein „absichtlicher Leistungsentzug" wurde vom Gericht bejaht bei nicht mitgeteiltem Wohnortwechsel oder nicht mitgeteilter Einkommensänderung trotz entsprechender Vereinbarung.

Sonderfall Sonderbedarf

Ist Sonderbedarf (→ 16. Verpflichtungsumfang und Trennung) vor länger als einem Jahr entstanden, sind Klageerhebung oder Verzug erforderlich. Ist Sonderbedarf vor weniger als einem Jahr entstanden, kann er ohne Klageerhebung/Verzug auch für diesen zurückliegenden Zeitraum verlangt werden. Grund: Bei diesem unvorhersehbaren, außergewöhnlich hohen Bedarf kann meist nicht rechtzeitig Klage erhoben oder der Unterhaltspflichtige in Verzug gesetzt werden.

Gut zu wissen

Unterhalt für die Vergangenheit ohne Klageerhebung oder Verzug kann auch verlangt werden, wenn er aus „rechtlichen" oder „tatsächlichen" Gründen, die allein vom Verpflichteten zu vertreten sind, nicht früher geltend gemacht werden konnte. „Rechtliche" Gründe sind zum Beispiel eine verzögerte Feststellung der Vaterschaft bei nicht miteinander verheirateten Eltern gemeinsamer Kinder. „Tatsächliche" Gründe können beispielsweise unbekannter Aufenthalt oder Aufenthalt im Ausland sein.

29. Unterhalts- abänderung

Häufig ändern sich Lebensumstände. Das kann sich auch auf ergangene Unterhaltsurteile auswirken.

Nicht alles bleibt beim Alten

Jedes Unterhaltsurteil enthält eine Prognose, denn es spricht in der Regel Unterhalt für die Zukunft zu. Eine solche Entscheidung muss Veränderungen angepasst werden können. Erforderlich ist dazu allerdings eine wesentliche und nachhaltige Veränderung der tatsächlichen Verhältnisse. Diese wird von den Gerichten bejaht, wenn der Unterhaltsanspruch um etwa 10 Prozent steigen oder sinken würde. Kurzfristige Arbeitslosigkeit wird von Familiengerichten ebenso als unwesentlich bewertet wie vorübergehende Einkommens- oder Bedarfsschwankungen. Die Veränderung muss außerdem nach der letzten mündlichen Gerichtsverhandlung erfolgt sein; sonst hätte der Betreffende sie dort geltend machen müssen. Ferner ist erforderlich, dass die Veränderung auch tatsächlich eingetreten ist – bloße Voraussehbarkeit reicht nicht.

Neben den Veränderungen der tatsächlichen Verhältnisse berücksichtigen Familiengerichte auch Änderungen der Gesetzgebung. Dies kann sogar für Tabellenwerte zur Unterhaltsberechnung gelten.

Achtung

Eine geänderte Rechtsprechung wird nur akzeptiert, wenn sie vom Bundesverfassungsgericht stammt. Ansonsten sind die einzelnen Gerichte selbstständig und nicht durch Entscheidungen anderer gebunden.

Was als Veränderung gilt

Als Abänderungsgründe wurden zum Beispiel anerkannt:

- Längerfristige Arbeitslosigkeit
- Einkommensveränderungen
- Steigerung der Lebenshaltungskosten
- Bedarfserhöhung durch Alter oder Krankheit
- Wiederverheiratung
- Geburt eines weiteren Kindes
- Erfolgreiche Anfechtung der Vaterschaft in Bezug auf ein in der Ehe geborenes Kind
- Volljährigkeit (wegen der Haftungsquoten der Eltern; → 9. Volljährige Kinder)
- Gesetzliche Unterhaltsverwirkung

Ab wann Veränderung gilt

Unterhaltsurteile können nur ab Klageerhebung und seit Juli 1998 ab dem Ersten des Monats abgeändert werden, in dem Klage erhoben oder Auskunft verlangt wurde oder der Unterhaltspflichtige in Verzug geraten ist.

Die übrigen Unterhaltstitel (zum Beispiel Jugendamts- oder notarielle Urkunden, Prozessvergleiche sowie Unterhaltsentscheidungen aus einem vereinfachten Verfahren) können für den Zeitpunkt der tatsächlichen Veränderungen angepasst werden, also auch früher.

Wichtig

Soll ein Unterhaltsurteil tatsächlichen Veränderungen angepasst werden, muss der Unterhaltspflichtige so schnell wie möglich aufgefordert werden, Auskunft zu erteilen – dann ist der Unterhalt ab dem Ersten des Aufforderungsmonats fällig. Die Klageerhebung kann auch später erfolgen.

30. Unterhaltsverwirkung

Grundsätzlich wird Scheidungsunterhalt lebenslänglich geschuldet. Aber: In sieben speziellen Fällen gerät der Unterhaltsanspruch in Gefahr.

Die gesetzlichen Härten

Das Gesetz regelt sieben Härtegründe, die eine Versagung, Herabsetzung oder zeitliche Begrenzung von Unterhalt nach sich ziehen können:

1. Kurze Ehedauer (gilt nicht in der Trennungszeit)
2. Erhebliche Straftat gegen den Unterhaltpflichtigen oder einen seiner nahen Angehörigen
3. Mutwillige Herbeiführung der eigenen Bedürftigkeit
4. Mutwillige Hinwegsetzung über schwer wiegende Vermögensinteressen des Unterhaltpflichtigen
5. Der Berechtigte hat vor der Trennung seine Verpflichtung, zum Familienunterhalt beizutragen, längere Zeit erheblich verletzt.
6. Verletzung wichtiger Ehepflichten durch den Unterhaltsberechtigten
7. Ein anderer ebenso schwer wiegender Grund

Auf einen Blick

Allen Härtegründen gemeinsam ist, dass die Zahlung von Unterhalt „grob unbillig" wäre. Dies wird von den Gerichten bejaht, wenn nach den konkreten Umständen die Zuerkennung von Unterhalt dem Gerechtigkeitsempfinden in unerträglicher Weise widersprechen würde.

Auf die Waagschale legen

Der Unterhaltsrichter hat eine umfassende Interessenabwägung vorzunehmen. Je schwerer ein Härtegrund wiegt, umso eher kommt eine zeitliche Begrenzung, Herabsetzung oder vollständige Ablehnung eines Unterhaltsanspruchs infrage. Beim Unterhaltspflichtigen sind zu berücksichtigen:

- wirtschaftliche Verhältnisse (Einkommen, Vermögen),
- persönliche Verhältnisse (Alter, Krankheit, Wiederverheiratung, Kindesgeburt, Fehlverhalten gegenüber dem Unterhaltsberechtigten).

Auf Seiten des Berechtigten sind zu berücksichtigen:

- wirtschaftliche Verhältnisse (insbesondere eigenes Einkommen),
- Schwere des Härtegrunds,
- persönliche Verhältnisse (Alter, Krankheit, Verdienst um die Familie, insbesondere Betreuung gemeinsamer Kinder, persönliche Leistungen für den Unterhaltspflichtigen).

Gut zu wissen

Solange der Berechtigte Betreuungsunterhalt beanspruchen kann, scheidet ein vollständiger Unterhaltsausschluss aus: Trotz des Fehlverhaltens soll der Berechtigte nicht zu eigener Erwerbstätigkeit verpflichtet werden, denn dies ginge zu Lasten des betreuungsbedürftigen minderjährigen Kindes. Die Familiengerichte setzen dann allenfalls den Unterhalt herab, zum Beispiel auf den „Notunterhalt" (derzeit 730 Euro bei Erwerbslosigkeit). Diese Rechtsprechung wird zum Teil kritisiert, da finanziell stark eingeschränkte Lebensverhältnisse immer auch Auswirkungen auf die Entwicklungsmöglichkeit eines Kindes haben können.

31. Härtegründe 1—5

In den folgenden fünf von insgesamt sieben Fällen kann Unterhalt verwirkt werden.

1. Kurzehe

Hat eine Ehe nicht länger als zwei Jahre gedauert, war sie in der Regel im Rechtssinn „kurz" und kann als Härtegrund gelten. Dabei gilt die Zeit von der Eheschließung bis zur Zustellung des Scheidungsantrags (also nicht bis zur Trennung oder rechtskräftigen Scheidung). Wird der Scheidungsantrag vor Ablauf des Trennungsjahres gestellt, ist der Zeitpunkt, zu dem das Trennungsjahr abgelaufen ist, maßgebend. Ehen von mehr als drei Jahren sind grundsätzlich nicht mehr kurz.

2. Straftat

Der Härtegrund einer schweren Straftat wurde beispielsweise von Gerichten bejaht bei Mord, Totschlag, körperlicher Misshandlung von gemeinsamen Kindern, Schusswaffengebrauch, Unterhaltspflichtverletzung, fortgesetzter schwerer Beleidigung, Verleumdung, schweren Anschuldigungen und – besonders häufig – versuchten Prozessbetrügereien.

Gut zu wissen

Versuchte Prozessbetrügereien können zum Beispiel vorliegen, wenn der Unterhaltsberechtigte eigene Einkünfte verschweigt oder das Zusammenleben mit einem neuen Partner vehement bestreitet: Durch Täuschung versucht er, die (nacheheliche) Solidarität beim anderen Partner einzufordern, was den Tatbestand der besonderen Schwere und Verwerflichkeit begründet.

3. Mutwillige Bedürftigkeit

Der dritte Härtegrund der mutwilligen Herbeiführung der eigenen Bedürftigkeit liegt häufig vor, wenn der unterhaltsberechtigte Ehepartner seine Arbeitsstelle aufgibt oder wenn er suchtkrank ist (Alkohol-, Drogen-, Medikamenten- und auch Spielsucht) und sich einer ärztlichen Behandlung verweigert oder entzieht. In diesen Fällen ist immer wieder problematisch, ob der Suchtkranke noch über die erforderliche Einsicht und Steuerungsmöglichkeit verfügt.

4. Vermögensinteressen

Härtegrund vier kommt in Betracht, wenn der Unterhaltsberechtigte sich über schwer wiegende Vermögensinteressen des Verpflichteten mutwillig hinwegsetzt, zum Beispiel durch Anschwärzen beim Arbeitgeber (Gefährdung des Arbeitsplatzes) oder Finanzamt (Schwarzgeld) oder belastende Aussagen in einem Disziplinarverfahren (anstatt von seinem Aussageverweigerungsrecht Gebrauch zu machen).

5. Familienunterhalt

Wer vor der Trennung die Pflicht, zum Familienunterhalt beizutragen, grob verletzt, kann den fünften Härtegrund erfüllen. Maßgeblich ist hier die Aufgabenverteilung in der Ehe. Außerdem muss die Pflichtverletzung längerfristig gewesen sein und die Familie in ernsthafte Schwierigkeiten gebracht haben.

Beispiel

Eine Verletzung der Beitragspflicht zum Familienunterhalt kann zum Beispiel gegeben sein, wenn der Berechtigte kein Wirtschaftsgeld zur Verfügung gestellt oder nicht gearbeitet und sich auch nicht hinreichend um Arbeit bemüht hat.

32. Härtegründe 6—7

Die Härtegründe sechs und sieben regeln unter anderem Fälle neuer Partnerschaften.

6. Verletzung von Ehepflichten

Härtegrund sechs ist anzuwenden bei einem schwer wiegenden und grob verantwortungslosen Verstoß des Unterhaltsberechtigten gegen gewichtige eheliche Pflichten wie Treuepflicht, eheliche Solidarität und Gegenseitigkeitsprinzip. Folgendes ist zum Beispiel möglich:

- Der Unterhaltsberechtigte lebt mit einem neuen Partner in einer Wohn- und Wirtschaftsgemeinschaft zusammen.
- Er nimmt während der Ehe gegen den Willen des Ehepartners ein dauerhaftes Verhältnis zu einem anderen Partner auf oder hat intime Beziehungen zu wechselnden Partnern.
- Die Ehefrau hält ihren Mann davon ab, die Ehelichkeit eines in der Ehe geborenen Kindes anzufechten, mit der Folge, dass er Unterhalt zahlen muss.
- Erhebliche Tätlichkeiten mit Verletzungsfolge
- Dauerhafte und massivste Vereitelung von Umgangskontakten mit dem Kind
- Eingriffe in das Eigentum des Unterhaltspflichtigen
- Bigamie

Gut zu wissen

Die Ehepflichtverletzung muss allein vom Unterhaltsberechtigten zu vertreten sein. Dies ist beispielsweise dann nicht der Fall, wenn der Unterhaltspflichtige selbst wiederholt Scheidungsabsichten äußert oder außereheliche und ehewidrige Beziehungen unterhält.

7. Sonstige Gründe

Greift keiner der sechs Härtegründe, kann noch ein anderer vorliegen, der ebenso schwer wiegt. Der Hauptanwendungsfall ist die nach Trennung oder Scheidung begonnene neue Partnerschaft. Diese muss aber erst eine ehegleiche Festigkeit und Dauerhaftigkeit erreicht haben, bevor ein Härtegrund erfüllt sein kann. Beispiele für Indizien:

- Mehrjähriges Zusammenleben in eheähnlicher Gemeinschaft
- Gemeinsame Freizeit und Urlaube
- Teilweise oder vollständige Haushaltsversorgung durch den Unterhaltsberechtigten
- Leben in einem Familienverband
- Gemeinsame Kinder
- Finanzielle Unterstützung/Zuschüsse durch den Partner
- Gemeinsame finanzielle Entscheidungen (zum Beispiel Hauskauf)
- Mitarbeit des Unterhaltsberechtigten im Geschäft des neuen Partners
- Verlobung („offiziell", aber auch, wenn die Partner einander zum Beispiel auf Festen als Verlobte vorstellen)

Auf einen Blick

- Ausschlaggebend ist die ehegleiche ökonomische Solidarität mit dem neuen Partner, die den Unterhaltsberechtigten ausreichend versorgt. Er ist dann nicht mehr bedürftig.
- Eine so genannte Distanzpartnerschaft ist kein Härtegrund, da ein gemeinsames Wirtschaften nicht stattfindet.
- Auf die sexuelle Beziehung kommt es nicht an. Eine ehegleiche Lebensgemeinschaft kann daher auch zwischen gleichgeschlechtlichen Partnern bestehen.

33. Vereinbarung

Auch formlose Vereinbarungen (Unterhalts-
verträge) zum Familien-, Trennungs- oder
Scheidungsunterhalt sind möglich.

Verträge zum Unterhalt

Auf Kindes- und Trennungsunterhalt kann für die Zukunft
nicht verzichtet werden. Ausnahmen der Gerichte: Führt eine
Unterhaltsvereinbarung zu einem Verzicht auf bis zu 20 Prozent des tatsächlich geschuldeten Unterhalts, kann sie als
„noch vertretbar" akzeptiert werden. Ein Teilverzicht im Umfang von $1/3$ des Unterhaltsanspruchs wird dagegen in aller
Regel abgelehnt. Dies gilt auch für den Verzicht auf eine
Abänderungsmöglichkeit, wenn dies mehr als 20 Prozent des
wahren Anspruchs entsprechen würde. Auf nachehelichen
Unterhalt für die Zukunft kann verzichtet werden.

Gut zu wissen

Verträge, die den Unterhaltsberechtigten geradewegs
in den Sozialhilfebezug führen würden, sind sitten-
widrig und nichtig. Das Gleiche gilt, wenn der Unterhaltspflichtige eine Zwangslage des Berechtigten
oder dessen rechtsgeschäftliche Unerfahrenheit aus-
genutzt hat oder der gemeinsame Kinder betreuende
Ehepartner auf Unterhalt verzichten soll – denn das
ginge zu Lasten der Kinder.

Finanzfalle Ehevertrag

Das Bundesverfassungsgericht hat im Februar 2001 erstmals
einen notariellen Ehevertrag für verfassungswidrig erklärt.
In der dort vereinbarten Begrenzung des Kindesunterhalts
auf einen festen Betrag und in dem wechselseitigen Verzicht

auf Betreuungsunterhalt für die Zeit nach der Ehe auch im Fall der Not sah das Gericht einen Verstoß gegen den verfassungsrechtlich garantierten Schutz von Ehe und Familie (Artikel 6 des Grundgesetzes). Derartige Vereinbarungen gehen meist zu Lasten eines Partners (in der Regel die betreuende Mutter/Ehefrau), was gegen das gesetzliche Leitbild einer gleichberechtigten Partnerschaft verstößt, so das Bundesverfassungsgericht.

Alternativer Unterhalt

Vereinbarungen, die statt einer monatlichen Unterhaltszahlung andere Leistungen vorsehen, zum Beispiel Zinstilgungen, sind zulässig.

Für die nacheheliche Zeit kann auch eine Kapitalabfindung vereinbart werden, die unter Umständen in Raten zahlbar ist. Die Abfindungshöhe muss allerdings sämtliche Umstände berücksichtigen, die in Sachen Unterhalt wichtig sind: voraussichtliche Dauer der Unterhaltsverpflichtung, Lebenserwartungen, Berufsaussichten des Berechtigten, Wahrscheinlichkeit der Wiederheirat, zukünftige Leistungsfähigkeit des Unterhaltspflichtigen und so weiter.

Durch die Abfindungsvereinbarung erlischt der Unterhaltsanspruch, eine Anpassung scheidet generell aus: Wer eine Kapitalabfindung wählt, nimmt grundsätzlich in Kauf, dass sich die Berechnungsfaktoren ändern können.

Wichtig

In notariellen Eheverträgen sind oft umfassende Verzichtserklärungen (Unterhalt, Versorgungsausgleich, Zugewinnausgleich) enthalten. Sie sollten von einem Anwalt auf ihre Rechtswirksamkeit hin überprüft werden.

34. Mangelfälle

Ein Mangelfall liegt vor, wenn dem Unterhaltspflichtigen durch mehrere Ansprüche
nicht einmal sein Eigenbedarf bleibt.

Eigenbedarf in Gefahr?

Der notwendige Selbstbehalt, also der Eigenbedarf des Unterhaltspflichtigen, variiert je nach Unterhaltsverhältnis. Bei
Erwerbslosigkeit beträgt er gegenüber minderjährigen und
privilegierten volljährigen Kindern (→ 9. Volljährige Kinder),
in Trennung lebenden Ehepartnern und geschiedenen Ehepartnern, die ein gemeinsames minderjähriges Kind be-
treuen, 730 Euro, bei Erwerbstätigkeit 840 Euro. Gegenüber
volljährigen Kindern und dem nicht mit dem Unterhaltspflichtigen verheirateten anderen Elternteil beträgt er 1 000
Euro, gegenüber den eigenen Eltern 1 250 Euro.

Mangels Masse

Um festzustellen, ob ein Mangelfall vorliegt, müssen zunächst bereinigtes Einkommen und Selbstbehalt des Unterhaltspflichtigen feststehen. Dann wird der Bedarf aller Unterhaltsberechtigten ermittelt. Bei Kindern erfolgt dies nach
der Düsseldorfer Tabelle (→ 40. Düsseldorfer Tabelle). Für
den getrennt lebenden/geschiedenen Ehepartner ist der ehe-
geprägte Bedarf maßgeblich. Wichtig: Der Kindesunterhalt
wird vor der Berechnung des Erwachsenenunterhalts vom bereinigten Einkommen abgezogen.

Ist allein Kindesunterhalt zu zahlen, liegt ein Mangelfall erst
dann vor, wenn nach Abzug des Eigenbedarfs das restliche
Einkommen nicht ausreicht, um wenigstens den Tabellenunterhalt der untersten Einkommensgruppe, den so genannten Regelbetrag laut Düsseldorfer Tabelle, zu zahlen. Dies
sind für die einzelnen Altersstufen 188 Euro (0 bis 5 Jahre),
228 Euro (6 bis 11 Jahre) und 269 Euro (12 bis 17 Jahre).

Gut zu wissen

Führt der Mangelfall dazu, dass nicht einmal der Regelbetrag für Kinder gezahlt werden kann, kommt es zu keinem Kindergeldausgleich (→ 10. Kindergeld).

Anteiliger Unterhalt

Führt die Summe der Unterhaltsansprüche der 2. bis 13. Einkommensgruppe (1 300 bis 4 800 Euro) auch zu einer Unterschreitung des Eigenbedarfs, wird der Kindesunterhalt aus der nächstniedrigeren Einkommensgruppe ermittelt. Dies wird gegebenenfalls bis zur 1. Gruppe fortgesetzt.

Liegt ein Mangelfall vor, wird die Verteilungsmasse (bereinigtes Einkommen des Unterhaltspflichtigen abzüglich Eigenbedarf) auf alle Berechtigten im Verhältnis des ihnen zustehenden Unterhalts aufgeteilt: Der Tabellenunterhalt der Kinder und gegebenenfalls der konkret ermittelte Bedarf eines bedürftigen Erwachsenen werden mit der Verteilungsmasse multipliziert und durch die Summe aus allen Tabellenunterhaltsbeträgen und gegebenenfalls dem Erwachsenenbedarf geteilt. Diese Summe aller Unterhaltsbeträge ist der so genannte Einsatzbetrag.

Anstelle der vollen Unterhaltsbeträge erhalten die Berechtigten also nur einen anteiligen Unterhalt (→ 35. Mangelfallberechnung – Beispiele).

Wichtig

Je mehr Berechtigte vorhanden sind, desto komplizierter ist die Unterhaltsberechnung und desto eher wird eine Mangelfallberechnung erforderlich. Hier sollten Sie unbedingt den Rat eines Rechtsanwalts einholen!

35. Mangelfallberechnung — Beispiele

Trotz Unterhaltsansprüchen gegen ihn muss dem Betroffenen zumindest sein Eigenbedarf belassen werden.

Nur Regelbeträge für die Kinder

Ein Mann verdient bereinigt 1 500 Euro und muss für seine drei Kinder – 13, 4 und 3 Jahre alt – Unterhalt zahlen. Er ist der 3. Einkommensgruppe zuzuordnen (→ 40. Düsseldorfer Tabelle) und hat einen Eigenbedarf von 840 Euro. Das 13-jährige Kind hat Anspruch auf Unterhalt in Höhe von 307 Euro, die beiden jüngeren auf je 215 Euro, zusammen 737 Euro. Die Summe der Ansprüche würde den Mann unter seinen Eigenbedarf drücken. Daher wird der Kindesunterhalt der nächstniedrigeren Einkommensgruppe entnommen. Nach Gruppe 2 ergeben sich folgende Beträge: 288 Euro für das ältere und je 202 Euro für die jüngeren Kinder, zusammen 692 Euro. Auch hier wäre der Eigenbedarf unterschritten – dem Mann blieben nur 808 Euro. Der Unterhalt ist demzufolge der 1. Einkommensgruppe mit 269 Euro und je 188 Euro, zusammen 645 Euro, zu entnehmen. Dann ist der Eigenbedarf des Mannes gewahrt: Ihm bleiben 855 Euro.

Ein Fall von Mangel

Würde der Mann bereinigt nur 1 400 Euro zur Verfügung haben, läge für das Beispiel oben ein Mangelfall vor: 1 400 Euro – 645 Euro = 755 Euro statt 840 Euro. Es wäre dann die Verteilungsmasse (bereinigtes Einkommen abzüglich Eigenbedarf: 1 400 Euro – 840 Euro = 560 Euro) auf die Kinder aufzuteilen. Dafür wird ihr Tabellenregelbetrag mit der Verteilungsmasse multipliziert und durch die Summe aller drei Regelbeträge (Einsatzbetrag = 645 Euro) geteilt. Für das

13-jährige Kind lautet die Rechnung also 269 Euro x 560 Euro : 645 Euro = 233,55 Euro; für die beiden jüngeren jeweils 188 Euro x 560 Euro : 645 Euro = 163,22 Euro. Der Kindesunterhalt würde insgesamt 559,99 Euro betragen.

Auch die Frau braucht Geld

Fallbeispiel: Erwerbstätiger Ehemann, Ehefrau ohne Einkommen, Kinder im Alter von 13 und 16 Jahren.

Bereinigtes Einkommen des Mannes: 2 000 Euro

Tabellenunterhalt der Kinder: 345 Euro + 345 Euro = 690 Euro

Bedarf der Frau: 2 000 Euro – 690 Euro = 1 310 Euro x $3/7$ = 561,43 Euro

Eigenbedarf des Mannes: 840 Euro

Es kommt zu einem Mangelfall: 2 000 Euro – 345 Euro – 345 Euro – 561,43 Euro = 748,57 Euro.

Daher erhalten die Berechtigten nur anteilig Unterhalt:

Verteilungsmasse: 2 000 Euro – 840 Euro = 1 160 Euro

Einsatzbetrag: 345 Euro + 345 Euro + 561,43 Euro = 1 251,43 Euro

Unterhalt Kinder: 345 Euro x 1 160 Euro : 1 251,43 Euro = 319,79 Euro x 2 = 639,58 Euro

Unterhalt Frau: 561,43 Euro x 1 160 Euro : 1 251,43 Euro = 520,41 Euro

Insgesamt hat der Mann in diesem Fall also einen Unterhalt von 1 159,99 Euro zu zahlen.

Wichtig

Wenn nicht genug Geld beim Unterhaltspflichtigen vorhanden ist, kann es bei der Berechnung des Unterhalts eine Vielzahl von Problemen für alle Beteiligten geben. Es ist daher außerordentlich wichtig, sich frühzeitig und umfassend rechtlich beraten zu lassen.

36. Rangverhältnisse

Sind mehrere Unterhaltsberechtigte vorhanden, gilt die gesetzliche Rangfolge.

Sechs Rangstufen laut Gesetz

- 1. Rangstufe: minderjährige unverheiratete Kinder, privilegierte volljährige Kinder (→ 9. Volljährige Kinder), Ehepartner, privilegierte geschiedene Ehepartner

Der geschiedene Ehepartner ist beispielsweise privilegiert,
wenn er gemeinsame minderjährige Kinder betreut oder die
Ehe lang gedauert hat. Die lange Ehedauer wird bei 15 Jahren bejaht, bei 8 Jahren verneint. Bei 10 bis 15 Jahren Ehe
ist die Verknüpfung beider Lebensplanungen ausschlaggebend.

- 2. Rangstufe: Mutter/Vater eines nichtehelichen Kindes
- 3. Rangstufe: verheiratete Kinder, volljährige Kinder, die
  nicht privilegiert sind
- 4. Rangstufe: eingetragene Lebenspartner
- 5. Rangstufe: andere Abkömmlinge (zum Beispiel Enkel)
- 6. Rangstufe: Verwandte in aufsteigender Linie (Eltern,
  Großeltern und so weiter)

Innerhalb der Rangstufen besteht Gleichrang. Bei einer
Rangverschiedenheit wird zunächst der Unterhaltsanspruch
des vorrangig Unterhaltsberechtigten voll erfüllt. Dies gilt
selbst dann, wenn für den nachrangig Berechtigten kein Unterhalt mehr übrig bleibt.

Durch Vereinbarung kann die Rangfolge verändert werden,
allerdings nicht zu Lasten eines nicht an der Vereinbarung
Beteiligten oder des Sozialhilfeträgers. So verzichten in der
Regel die den minderjährigen Kindern gleichrangigen Ehepartner auf ihre Rangposition zu Gunsten der Kinder. Diese
erhalten dann ihren vollen Unterhaltsanspruch. Der Ehepartner erhält weniger oder auch gar nichts.

Alt vor neu

Der geschiedene Ehepartner hat Vorrang gegenüber dem neuen. Dieser kann nur in Ausnahmefällen mit dem geschiedenen Ehepartner gleichrangig sein. Das ist zum Beispiel gegeben, wenn der neue Ehepartner bei einer Scheidung Anspruch auf nachehelichen Unterhalt hätte. Dieser Gleichrang entfällt aber, wenn der geschiedene Ehepartner gemeinsame minderjährige Kinder betreut oder die geschiedene Ehe von langer Dauer war.

In Sachen Haftung

Grundsätzlich haftet der unterhaltspflichtige Ehepartner vor Verwandten des unterhaltsberechtigten Ehepartners. Dieses Rangverhältnis verkehrt sich im Mangelfall genau ins Gegenteil: Dann haften leistungsfähige Verwandte des Unterhaltsberechtigten vor dem verpflichteten Ehepartner.

Beispiel

Ein Mann hat ein bereinigtes Einkommen von 1 500 Euro, sein Eigenbedarf liegt bei 840 Euro. Seine beiden 13- und 15-jährigen Kinder haben einen Unterhaltsanspruch von je 307 Euro, also 614 Euro; ihm verbleiben 886 Euro. Seine Frau hat einen Bedarf von $3/_7$ aus 886 Euro = 379,71 Euro. Hier liegt ein Mangelfall vor: 1 500 Euro – 614 Euro – 379,71 Euro = 506,29 Euro.

Alle Berechtigten sind gleichrangig. Unter Berücksichtigung des Eigenbedarfs des Verpflichteten von 840 Euro verbleibt für sie insgesamt nur ein Betrag von 660 Euro. Weil die Frau auf ihren Rang zu Gunsten der Kinder verzichtet, erhalten diese den vollen Betrag, die Frau bekommt 46 Euro (1 500 Euro – 307 Euro – 307 Euro – 46 Euro = 840 Euro).

37. Unterhalt und Steuern

Die Unterhaltsberechnung wird vielfach von steuerrechtlichen Fragen beeinflusst — ein sehr komplexes Thema!

Steuervorteile wahrnehmen

Grundsätzlich gilt: Der Unterhaltpflichtige muss zumutbare Steuervorteile, die sein Einkommen erhöhen, in Anspruch nehmen. Unzumutbar wären steuerliche Maßnahmen, die zu wirtschaftlichen Einbußen führen würden, weil etwa andere Leistungen (zum Beispiel Wohngeld, Krankenversicherungsschutz im Rahmen der Familienversicherung) entfallen.

Umgekehrt muss der Unterhaltsberechtigte an der Erlangung möglicher steuerlicher Vorteile mitwirken, zum Beispiel durch Gemeinsamveranlagung. Hierfür dürfen Ehepartner zwar nicht dauernd getrennt gelebt haben, aber bereits ein Tag des Zusammenlebens im Veranlagungszeitraum berechtigt sie dazu, sich gemeinsam veranlagen zu lassen. Dadurch kommen sie in den Genuss des Splittingvorteils: Die Steuerlast sinkt, das Einkommen steigt.

Realsplitting

Bei Zahlung von Trennungsunterhalt muss der unterhaltsberechtigte Ehepartner dem „begrenzten Realsplitting" zustimmen, wenn der andere dies verlangt. Der Unterhaltspflichtige kann den Ehegattenunterhalt dann bis zu einem Betrag von derzeit 13 805 Euro von seinem steuerpflichtigen Einkommen abziehen.

Der Unterhalt selbst wird durch das Realsplitting für den Berechtigten steuerpflichtiges Einkommen. Die hierauf entfallenden Steuern muss ihm der Unterhaltspflichtige zurückzahlen („Nachteilsausgleich").

Wichtig

Wird Unterhalt ohne Realsplitting gezahlt, kann seine nachträgliche Durchführung zur Steuererstattung führen. Für den Unterhaltsberechtigten kann dies Vor- wie auch Nachteile haben. Sie sollten hier den Rat eines Anwalts oder Steuerberaters einholen.

Splittingvorteil

Wurden die ehelichen Lebensverhältnisse steuerlich durch die Gemeinsamveranlagung geprägt, hat der Unterhaltsberechtigte auch zukünftig Anspruch darauf. Heiratet der Unterhaltspflichtige erneut, wird sein unterhaltsrelevantes Einkommen in jedem Fall nach Steuerklasse IV ermittelt. Dadurch profitiert der Berechtigte indirekt wieder vom Splittingvorteil: Die Steuerlast sinkt, das Einkommen steigt – und damit auch der Unterhalt.

Auch steuerlich getrennt

Grundsätzlich zählen aber die tatsächlich gezahlten Steuern. Spätestens ab dem 1. Januar des auf die Trennung folgenden Jahres leben Ehepartner „dauernd getrennt" im Sinne des Einkommensteuergesetzes und haben nicht mehr das Recht auf gemeinsame Veranlagung. Die Steuerklassen ändern sich: Der Erwerbstätige ist von Steuerklasse III in I umzutragen. Die Steuerlast steigt, der Unterhalt sinkt.

Gut zu wissen

Scheidungskosten sind als außergewöhnliche Belastungen steuerlich abzugsfähig. Der Gang zum Steuerberater lohnt sich also!

38. Prozessstrategien

In Sachen Unterhalt wird viel taktiert, um die rechtlichen Mittel möglichst für sich zu nutzen. Hier nur zwei Beispiele:

Je länger, je lieber

Da man auf Trennungsunterhalt nicht verzichten kann, auf nachehelichen Unterhalt dagegen sehr wohl, ziehen manche unterhaltsberechtigte Ehepartner, die (etwa in einem Ehevertrag) verzichtet haben, die Trennungszeit in die Länge. Reicht der Unterhaltspflichtige den Scheidungsantrag ein, stellt der Berechtigte Folgesachenanträge (zum Beispiel nachehelicher Unterhalt, Hausratverteilung, Sorgerecht, Umgang), die eventuell zu einer Verfahrensverzögerung führen. Denn die Ehe kann erst dann geschieden werden, wenn zugleich über einen solchen Folgesachenantrag entschieden wird (man spricht von einem Verbundsystem).

Scheiden tut weh

Erst wenn das Scheidungsverfahren mindestens zwei Jahre dauert, kann die Ehescheidung aus diesem Verbund der Folgesachen gelöst werden. Ein solcher Abtrennungsbeschluss des Familiengerichts unterliegt der rechtlichen Kontrolle durch das Beschwerdegericht. Wird eine Beschwerde eingelegt, kann die Scheidung nicht rechtskräftig werden, bevor das Beschwerdegericht über die Rechtmäßigkeit des Abtrennungsbeschlusses befunden hat.

Die Tage zählen

Zahlt ein unterhaltspflichtiger Ehepartner keinen Unterhalt, muss der Unterhaltsberechtigte eine schnelle gerichtliche Entscheidung herbeiführen. Über eine Unterhaltsklage entscheidet das Gericht aber erst nach Monaten, bei schwieriger Beweislage erst nach Jahren. So lange kann der Berechtigte nicht warten: Er wird einen Eilantrag bei Gericht einreichen und die dortigen Tatsachenbehauptungen durch eine eidesstattliche Versicherung bekräftigen (Glaubhaftmachung). Das Gericht kann dann zunächst ohne mündliche Verhandlung entscheiden und zumindest den Unterhalt zusprechen, der bei erster Prüfung gerechtfertigt erscheint. Das Besondere des Eilverfahrens (einstweiliges Anordnungsverfahren) liegt darin, dass in der Regel keine Beweisaufnahme erfolgt. Folglich kann das Gericht schnell entscheiden.

Das letzte Wort

Hat das Familiengericht auf einen Eilantrag hin Unterhalt zugesprochen, ohne mit den Ehepartnern zu reden, kann der Verpflichtete nach der Prozessordnung nur eine mündliche Verhandlung beantragen. In Vorbereitung darauf sollte er seinen Standpunkt in einem Schriftsatz plausibel darlegen. Denn die nach der mündlichen Verhandlung ergehende einstweilige Anordnung über den Unterhalt ist unanfechtbar, es kann kein Rechtsmittel dagegen eingelegt werden.

Diese einstweiligen Unterhaltsanordnungen können auch über die rechtskräftige Scheidung hinaus wirken. Die Familiengerichte begrenzen sie aber üblicherweise auf die Trennungszeit. Ändern sich die tatsächlichen Verhältnisse, zum Beispiel durch einen Steuerklassenwechsel nach der Trennung, kann das Familiengericht die einstweilige Anordnung jederzeit anpassen.

Wichtig

Umfassende Information und vernünftige Organisation sind auch in Sachen Unterhalt das A und O. Damit Sie keine Rechtsverluste erleiden und faire Ergebnisse erzielen, wenden Sie sich am besten an einen Familienrechtler: Er kann die richtige Strategie für Ihren Fall wählen und Taktiken, die Ihnen schaden, parieren.

39. Tabellen und Unterhaltsleitlinien

Das Gesetz macht keine Aussagen zur Unterhaltshöhe und arbeitet mit abstrakten Rechtsbegriffen wie beispielsweise Bedarf, Leistungsfähigkeit, eheliche Lebensverhältnisse und angemessener Eigenbedarf. Die Gerichte müssen diese Begriffe mit Leben füllen und unter Anwendung dieser Begriffe entscheiden, wie viel Unterhalt im Einzelfall zuzusprechen ist. Zur Vereinheitlichung der Unterhaltsrechtsprechung haben nahezu alle Oberlandesgerichte Richtlinien zum Unterhaltsrecht, so genannte Unterhaltsleitlinien, entwickelt. In diese Richtlinien sind Tabellen zum Unterhaltsbedarf eingearbeitet.

Maßgeblich — die Düsseldorfer Tabelle

Die Unterhaltsrechtsprechung wird im Wesentlichen durch die **Düsseldorfer Tabelle mit amtlichen Anmerkungen** und die **Berliner Vortabelle zur Düsseldorfer Tabelle** bestimmt. Der Bundesgerichtshof akzeptiert sie als Berechnungsgrundlage. Sie haben aber keinen Gesetzescharakter, sondern sollen der Vereinheitlichung der Rechtsprechung zum „angemessenen Unterhalt", also der Ermittlung der Unterhaltshöhe, dienen. Die Düsseldorfer Tabelle baut auf den Werten der seit dem 1. 7. 1999 geltenden Regelbetragverordnung auf. Ihre Werte der ersten Einkommensgruppe der jeweiligen Altersstufe entsprechen den Werten der Regelbetragverordnung. Die Verordnung wird alle zwei Jahre angepasst – und mit ihr auch die Düsseldorfer Tabelle.

Die Berliner Tabelle

Die Berliner Vortabelle zur Düsseldorfer Tabelle findet Anwendung, wenn der Unterhaltsberechtigte und -pflichtige in den neuen Bundesländern beziehungsweise im Ostteil von

Berlin leben. Wohnt der Verpflichtete im alten Bundesgebiet, wird die Düsseldorfer Tabelle angewandt.

Ältere Tabellenwerke zur Unterhaltsberechnung, wie zum Beispiel die Thüringer Tabelle, haben heute keine praktische Bedeutung mehr.

Die Unterhaltsleitlinien

Die grundsätzliche Bedarfstabelle zum Kindesunterhalt ist eigentlich unumstritten. Bei den amtlichen Anmerkungen der Düsseldorfer Tabelle gehen die Meinungen zwischen den Oberlandesgerichten teilweise deutlich auseinander. Die Gerichte haben daher inzwischen nahezu alle eigene Unterhaltsleitlinien entwickelt. Diese beeinflussen die Rechtsprechung im Unterhaltsrecht im jeweiligen Oberlandesgerichtsbezirk. Aus den Leitlinien werden auch die zu einzelnen Punkten unterschiedlichen Auffassungen deutlich.

Für den eigenen Fall sollten Sie daher unbedingt die Unterhaltsleitlinien des für Sie zuständigen Oberlandesgerichts anfordern (→ 44. Adressen, die weiterhelfen).

Die Bremer Tabelle

Mit der Zustellung des Scheidungsantrags kann der Unterhaltsberechtigte unter anderem Vorsorgeunterhalt wegen Alter und Erwerbsminderung verlangen, wenn der unterhaltspflichtige Ehepartner entsprechend leistungsfähig ist. Die Ermittlung des Vorsorgeunterhalts erfolgt dann nach der so genannten Bremer Tabelle.

In diese Tabelle sind Beiträge zur gesetzlichen Renten- und Arbeitslosenversicherung sowie die Lohnsteuer eingearbeitet, Beiträge zur gesetzlichen Kranken- und Pflegeversicherung fehlen dagegen.

Die Bremer Tabelle wird vom Bundesgerichtshof akzeptiert und regelmäßig angewandt.

Da Berechnungen mit dieser Tabelle sehr kompliziert sind und eigentlich nur von Fachleuten durchgeführt werden können, wurde in diesem Kompass auf sie verzichtet.

40. Düsseldorfer Tabelle

Die Düsseldorfer Tabelle, Stand 1.1.2002, ist das wichtigste Instrument zur Bestimmung des Kindesunterhalts.

Im amtlichen Dokument, das Sie von dem für Sie zuständigen Oberlandesgericht anfordern können, finden Sie neben der hier rechts abgedruckten Tabelle auch eine Reihe von amtlichen Anmerkungen. Die Tabelle ist in vier Teile gegliedert: A = Kindesunterhalt; B = Ehegattenunterhalt; C = Mangelfälle; D = Verwandtenunterhalt und Unterhalt nicht miteinander verheirateter Eltern.

Die Düsseldorfer Tabelle ist zugeschnitten auf einen Unterhaltspflichtigen, der für zwei Kinder und den Ehepartner Unterhalt zahlen muss. Sind mehr oder weniger Berechtigte vorhanden, kommt es zu Ab- oder Zuschlägen. Natürlich weist die Düsseldorfer Tabelle noch zahlreiche weitere Regelungen auf.

Erwachsenenunterhalt

Hier ein Beispiel für die Berechnung des Erwachsenenunterhalts mit der Differenzmethode (→ 17. Berechnung des Trennungsunterhalts): Ein Ehepaar ohne Kind, einer der Partner ist voll erwerbstätig, einer arbeitet sozialversicherungfrei.

M = 2 500 € bereinigtes Einkommen

F = 325 € bereinigtes Einkommen

Differenz = 2 175 €

$2\,175\,€ \times {}^3/_7 = 932{,}14\,€$

Partner F würde nach der Differenzmethode 932,14 € Unterhalt bekommen.

Beispielrechnungen für eine Familie mit Kindern finden Sie unter „42. Kindergeldabzugstabelle".

Düsseldorfer Tabelle, Stand 1.1.2002
Kindesunterhalt (alle Beträge in Euro)

	Nettoeinkommen des Barunterhaltspflichtigen	Altersstufen in Jahren (§ 1612a III BGB)				Vomhundert-satz	Bedarfskon-trollbetrag
		0 – 5	6 – 11	12 – 17	ab 18		
1.	bis 1 300	188	228	269	311	100	730/840
2.	1 300 – 1 500	202	244	288	333	107	900
3.	1 500 – 1 700	215	260	307	355	114	950
4.	1 700 – 1 900	228	276	326	377	121	1 000
5.	1 900 – 2 100	241	292	345	399	128	1 050
6.	2 100 – 2 300	254	308	364	420	135	1 100
7.	2 300 – 2 500	267	324	382	442	142	1 150
8.	2 500 – 2 800	282	342	404	467	150	1 200
9.	2 800 – 3 200	301	365	431	498	160	1 300
10.	3 200 – 3 600	320	388	458	529	170	1 400
11.	3 600 – 4 000	339	411	485	560	180	1 500
12.	4 000 – 4 400	358	434	512	591	190	1 600
13.	4 400 – 4 800	376	456	538	622	200	1 700
14.	über 4 800	nach Umständen des Falles					

41. Berliner Tabelle

**Berliner Tabelle für die Zeit ab dem
1.1.2002**

Die Berliner Tabelle gilt in den Fällen, in denen Unterhaltspflichtiger und -berechtiger in den neuen Bundesländern
oder dem Ostteil von Berlin leben. Wohnt der Unterhaltspflichtige nicht dort, wird die Berechnung nach den für ihn
gültigen Unterhaltsleitlinien durchgeführt, wobei die Tabel-
lenbedarfssätze und die Regelbeträge der Kinder sich nach
der Berliner Tabelle bestimmen.

Besonderheit

Das Besondere der Berliner Vortabelle besteht darin, dass sie
im Vergleich zu der ersten Einkommensgruppe der Düsseldorfer Tabelle zwei Einkommensgruppen vorschaltet: Die erste
Einkommensgruppe gilt für bereinigte Einkommen bis 1 000
Euro, die zweite für bereinigte Einkommen von 1 000 Euro bis
1 150 Euro. Ab einem Einkommen von 1 150 Euro gilt ganz
normal die Düsseldorfer Tabelle (→ 40. Düsseldorfer Tabelle).
Hiermit soll den niedrigeren Einkommen in den neuen Bundesländern und im Ostteil Berlins Rechnung getragen werden.
Auch die Berliner Tabelle ist auf vier Personen zugeschnitten: Ein Unterhaltspflichtiger muss zwei Kindern und dem
Ehepartner Unterhalt zahlen.

Zwei Berechnungsbeispiele mit der Berliner Tabelle:
Beispiel 1:
Mann = 1 000 € bereinigtes Einkommen
Kind (2 Jahre alt) = 174 € Unterhaltsanspruch
Kein Kindergeldabzug
Wegen des erhöhten Eigenbedarfs des Mannes gegenüber sei-
ner Frau in Höhe von 880 € erhält die Frau keinen Unter-
halt (1 000 € – 174 € = 826 €).

Beispiel 2:
Mann = 1 150 € bereinigtes Einkommen
Kind 1 (3 Jahre alt) = 174 € Unterhaltsanspruch
Kind 2 (7 Jahre alt) = 220 € Unterhaltsanspruch
Zahlbetrag insgesamt = 394 €
Angemessener Eigenbedarf = 775 €
Keine Kindergeldanrechnung
Dies ist eigentlich ein Mangelfall, denn:
1 150 € – 174 € – 220 € = 756 €
Im Rechtsalltag werden aber viele Familiengerichte darauf
drängen, dass der Eigenbedarf zu Gunsten der minderjähri-
gen Kinder um diese 19 € reduziert wird.

Berliner Tabelle, Stand 1.1.2002

Altersstufen in Jahren	0 – 5	6 – 11	12 – 17 [– 20]	Vom-hundert-satz Ost
Nettoeinkommen des Barunterhalts-pflichtigen	Alle Beträge in Euro			
Gruppe				
a) bis 1 000	174	211	249	100
b) 1 000 – 1 150	181	230	259	–
ab 1 150	wie Düsseldorfer Tabelle (aber ohne 4. Altersstufe und ohne Bedarfs-kontrollbetrag)			

Zur Handhabung: Der Regelbetrag einer höheren Altersstufe
ist ab dem Beginn des Monats maßgebend, in den der 6. beziehungsweise 12. Geburtstag fällt. Die erste Gruppe gilt also
vom Tag der Geburt bis zum 6. Geburtstag, die zweite Gruppe vom 6. bis zum 12. Geburtstag, die dritte Gruppe vom 12.
bis zum 18. Geburtstag. Ausnahme der letzten Gruppe sind
Kinder vom 18. bis 21. Geburtstag, die noch in der allgemeinen Schulausbildung sind und noch im Elternhaushalt leben (→ 9. Volljährige Kinder).

42. Kindergeld-abzugstabelle

Ergänzung zur Düsseldorfer Tabelle, Stand 1.1.2002

Die aktuellen Kindergeldsätze finden Sie unter „10. Kindergeld". Berechnungen des Kindesunterhalts müssen immer mit der Düsseldorfer Tabelle (oder den Unterhaltsleitlinien des für Sie zuständigen Oberlandesgerichts) *und* der Kindergeldabzugstabelle durchgeführt werden.

Alternative Berechnung

Das anzurechnende Kindergeld kann auch wie folgt berechnet werden: Anrechnungsbetrag = ($1/_2$ des Kindergeldes) + (Richtsatz der jeweiligen Einkommensgruppe) – (Richtsatz der 6. Einkommensgruppe, 135 % des Regelbetrags). Bei einem Negativsaldo entfällt die Anrechnung. Ab Einkommensgruppe 6 wird stets das Kindergeld zur Hälfte auf den sich aus der Tabelle ergebenden Unterhaltsbedarf angerechnet.

Berechnungsbeispiel

Mann = 3 000 € bereinigtes Einkommen
Kind 1 (4 Jahre alt) = 301 € Tabellenbetrag nach der aktuellen Düsseldorfer Tabelle, abzüglich Kindergeld in Höhe von 77 € = 224 € Zahlbetrag
Kind 2 (2 Jahre alt) = Berechnung wie Kind 1
Frau = 1 000 € bereinigtes Einkommen
Differenz Einkommen Mann/Frau nach Abzug des Kindesunterhalts: 1 398 €
Unterhalt für die Frau berechnet nach der Differenzmethode (nach Vorwegabzug der Tabellenbeträge ohne Kindergeldabzug in Höhe von je 301 €) : (3 000 € – 301 € –301 € – 1 000 €) x $3/_7$ = 599,14 €

Kindergeldanrechnung nach § 1612b Abs. 5 BGB

Anrechnung des (hälftigen) Kindergeldes für das 1. bis 3. Kind von je 77 Euro

Einkommensgruppe	0 – 5 Jahre	6 – 11 Jahre	12 – 17 Jahre
1 = 100 %	188 – 11 = 177	228 – 0 = 228	269 – 0 = 269
2 = 107 %	202 – 25 = 177	244 – 13 = 231	288 – 1 = 287
3 = 114 %	215 – 38 = 177	260 – 29 = 231	307 – 20 = 287
4 = 121 %	228 – 51 = 177	276 – 45 = 231	307 – 39 = 287
5 = 128 %	241 – 64 = 177	292 – 61 = 231	345 – 58 = 287
6 = 135 %	254 – 77 = 177	308 – 77 = 231	364 – 77 = 287

Anrechnung des (hälftigen) Kindergeldes für das 4. und jedes weitere Kind von je 89,50 Euro

Einkommensgruppe	0 – 5 Jahre	6 – 11 Jahre	12 – 17 Jahre
1 = 100 %	188 – **23,50** = 164,50	228 – **9,50** = 218,50	269 – **0** = 269,00
2 = 107 %	202 – **37,50** = 164,50	244 – **25,50** = 218,50	288 – **13,50** = 274,50
3 = 114 %	215 – **50,50** = 164,50	260 – **41,50** = 218,50	307 – **32,50** = 274,50
4 = 121 %	228 – **63,50** = 164,50	276 – **57,50** = 218,50	326 – **51,50** = 274,50
5 = 128 %	241 – **76,50** = 164,50	292 – **73,50** = 218,50	345 – **70,50** = 274,50
6 = 135 %	254 – **89,50** = 164,50	308 – **89,50** = 218,50	364 – **89,50** = 274,50

43. Bücher, die weiterhelfen

Arens, Wolfgang / Dr. Ehlers, Ernst-August / Spieker, Ulrich et al.: *Steuerfragen zum Ehe- und Scheidungsrecht*. NWB Verlag, Herne / Berlin
Behandelt (für Juristen und Steuerberater) den Nahtbereich der Steuerfragen im Ehe- und Scheidungsrecht – sowohl aus familienrechtlicher wie aus steuerrechtlicher Sicht.

Heiß, Beate / Heiß, Hans: *Die Höhe des Unterhalts von A–Z. Lexikon für Unterhaltsberechtigte, Unterhaltsverpflichtete und Juristen.* dtv, München
Das Buch ist nach Schlagworten aufgebaut. Da es vor allem für Juristen gedacht ist, ist es eher zur Vertiefung geeignet.

Kalthoener / Büttner / Niepmann: *Die Rechtsprechung zur Höhe des Unterhalts*. C. H. Beck, München
Buch, das eher für Juristen und Steuerberater gedacht, aber auch für Laien hilfreich ist.

Nolte-Schefold, Sigrid: *Scheidung. Antworten auf alle Rechtsfragen. Wie Sie den Rosenkrieg vermeiden*. Gräfe und Unzer Verlag, München
Begleitet Sie durch den gesamten Ablauf einer Trennung und Scheidung, von der ersten Phase der Trennung bis zu Unterhalt, Prozessführung und Folgen der Scheidung.

Pohlmann, Axel: *Partner mit Vertrag. Ehe und Partnerschaft regeln. Finanzen, Kinder & Co.* Gräfe und Unzer Verlag, München
Behandelt neben Eheverträgen und anderen partnerschaftlichen Regelungen auch „Trennung und Scheidung". Für Ehepaare, Lebenspartner und Paare in nichtehelicher Lebensgemeinschaft.

Strohal, Friedrich: *Die Bestimmung des unterhaltsrechtlich relevanten Einkommens bei Selbstständigen (Berliner Leitfaden Recht)*, Haufe, Freiburg i. Br., Berlin, München
Gedacht für Juristen und Steuerberater. Enthält ein Kapitel, in dem die Grundzüge des Bilanzrechts auch für Laien verständlich erklärt werden und aufgezeigt wird, wo häufig getrickst wird.

44. Adressen, die weiterhelfen

Im Folgenden finden Sie die Telefonnummern und – so vorhanden – Internetadressen derjenigen OLGs, die eigene Unterhaltsleitlinien entwickelt haben. Wenn Sie keinen Internetanschluss haben, können Sie sich die Unterhaltsleitlinien auch über die Pressestellen der OLGs besorgen.

Kammergericht Berlin
Tel.: 030/90 15-2504
www.kammergericht.de

OLG Brandenburg
Tel.: 03381/3 99-0; Fax: 03381/3 99-350
www.olg.brandenburg.de (Leitlinien noch nicht online, sie
können per Fax angefordert werden)

OLG Bremen
Tel.: 0421/3 61-0
keine Internetseite

OLG Celle
Tel.: 05141/2 06-398;
www.oberlandesgericht-celle.niedersachsen.de

OLG Dresden
Tel.: 0351/4 46-1520
www.justiz.sachsen.de/gerichte/homepages/olg/

OLG Düsseldorf
Tel.: 0211/49 71-0
www.olg-duesseldorf.nrw.de

OLG Frankfurt/Main
Tel.: 069/13 67 01
www.olgfamsen.de

OLG Hamburg
Tel.: 040/4 28 43-0
www.oberlandesgericht.hamburg.de

OLG Hamm
Tel.: 02381/2 72-0
www.olg-hamm.nrw.de

OLG Köln
Tel.: 0221/77 11-0
www.olg-koeln.nrw.de/home/

OLG Naumburg
Postfach 16 55, 06606 Naumburg
Tel.: 03445/28-0, Fax: 03445/28 20 00
keine Internetseite

OLG Oldenburg
Tel.: 0441/2 20-0
www.olg-oldenburg.de

OLG Rostock
keine Internetseite
Leitlinien werden über NJW u. ä. juristische Zeitschriften
veröffentlicht

Schleswig-Holsteinisches Oberlandesgericht
Gottorfstraße 2, 24873 Schleswig
Tel.: 04621/8 60, Fax: 04621/86 13 72;
keine Internetseite

OLG Thüringen
Tel.: 03641/3 07-0;
www.thueringen.de/olg

Die OLGs Bamberg, Karlsruhe, München, Nürnberg, Stuttgart und Zweibrücken folgen alle den *Süddeutschen Unterhaltsleitlinien*, zum Beispiel zu finden unter:
www.olg-karlsruhe.de (Downloadmöglichkeit)

Die OLGs Braunschweig, Koblenz und Saarbrücken wenden die Düsseldorfer Tabelle – teilweise modifiziert – an.

www.bnotk.de
Bundesnotarkammer in Köln: Hier erfahren Sie die Adresse der für Ihren Ort zuständigen Notarkammer beziehungsweise Sie können sich im Internet gleich zu einer Notarsuche durchklicken.
Tel.: 0221/25 68 23; Fax: 0221/25 68 08

www.brak.de
Bundesrechtsanwaltskammer in Berlin. Hier erfahren Sie die Adresse der für Ihren Ort zuständigen Anwaltskammer, die Verzeichnisse der spezialisierten Anwälte bereithält. Homepage mit kurzem Leitfaden zu Anwaltsgebühren, Prozesskostenhilfe, Rechtsschutzversicherung und so weiter.
Tel.: 030/28 49 39-0; Fax: 030/28 49 39-11;
E-Mail: zentrale@brak.de

www.dnoti.de
Homepage des Deutschen Notarinstituts. Aktuelle Hinweise, Urteilssammlung, Links.

www.isuv.de
Interessenverband Unterhalt und Familienrecht ISUV/VDU e. V.
Die Homepage bietet viele aktuelle Hinweise und Urteile.

www.lsvd.de/ratgeber/
Umfassende Beratungsseiten des Lesben- und Schwulenverbands in Deutschland zur Lebenspartnerschaft.

www.notare.bayern.de
Homepage mehrerer Notarkammern (Bayern, Hamburg, Pfalz). Informationen, Links, Tipps zu Ehevertrag, Partnerschaft, Scheidung, Kindern und zum Thema Erben.

www.staat-modern.de/gesetze/uebersicht/
Die Datenbank JURIS bietet kostenfrei fast alle deutschen Gesetzestexte, alphabetisch nach Titeln geordnet.

www.treffpunkteltern.de
Unter „Familienrecht/Unterhalt" gibt es eine Übersicht und Links zu den Unterhaltsleitlinien, die im Bereich der verschiedenen Oberlandesgerichte in Deutschland angewendet werden. Hier sind auch die Leitlinien der OLGs Naumburg und Rostock, die noch keine Internetadresse haben, und der Link zu einer Suchmaschine zu finden, mit der Sie feststellen können, welches OLG für Sie zuständig ist.

Hinweis

Die Beiträge in diesem Buch sind sorgfältig recherchiert und entsprechen dem aktuellen Stand.

Abweichungen, beispielsweise durch seit Drucklegung geänderte Preise, Gebühren, Anlage-Entwicklungen, WWW-Adressen etc., sind nicht auszuschließen.

Weder Autor noch Verlag können für eventuelle Nachteile oder Schäden, die aus den im Buch gegebenen praktischen Hinweisen resultieren, eine Haftung übernehmen.

Eine individuelle Rechtsberatung kann dieses Buch nicht ersetzen.

© 2003 Gräfe und Unzer Verlag GmbH, München.
Alle Rechte vorbehalten. Nachdruck, auch auszugsweise, sowie Verbreitung durch Bild, Funk, Fernsehen und Internet, durch fotomechanische Wiedergabe, Tonträger und Datenverarbeitungssysteme jeder Art nur mit schriftlicher Genehmigung des Verlages.

Gräfe und Unzer Verlag, Redaktion Business
Grillparzerstr. 12
81675 München
E-Mail: business@graefe-und-unzer.de

Redaktionsleitung: Steffen Haselbach
Redaktion: Nina Pohlmann
Lektorat: Nicola von Otto
Titelfoto: Andreas Hosch
Umschlag und Gestaltung: independent Medien-Design, Petra Schmidt
Herstellung: Susanne Mühldorfer
Satz: Filmsatz Schröter, München
Repro: w&co Media Services, München
Druck und Bindung: Druckerei Auer, Donauwörth

ISBN: 3-7742-5641-1

Aufl.	5	4	3	2	1
Jahr	2007	06	05	04	03

GRÄFE
UND
UNZER

Ein Unternehmen der
GANSKE VERLAGSGRUPPE